Willigis Jäger

SOBRE EL AMOR

Edición a cargo de
Ursula Richard y Christa Spannbauer
Con acuarelas de Petra Wagner

editorial Kairós

Título original: ÜBER DIE LIEBE

Editorial Kairós, S. A
Numancia, 117-121, 08029 Barcelona, España
www.editorialkairos.com

Nirvana Libros S.A. de C. V.
3.a Cerrada de Minas, 501-8, CP 01280 México, D.F.
www.nirvanalibros.com.mx

Revisión: Alicia Conde

Primera edición: Mayo 2011
ISBN: 978-84-7245-898-7
Depósito legal: B-5.111/2011

Fotocomposición: Pacmer, S.A. Alcolea, 106-108, 1.°, 08014 Barcelona
Tipografía: Times, 11/17
Impresión y encuadernación: Romanyà-Valls. Verdaguer, 1. 08786 Capellades

Este libro ha sido impreso con papel certificado FSC, proviene de fuentes respetuosas con la sociedad y el medio ambiente y cuenta con los requisitos necesarios para ser considerado un "libro amigo de los bosques".

SUMARIO

PRÓLOGO

Se ha escrito mucho sobre el amor y se seguirá escribiendo mucho más.

Este libro no se debe considerar como un ensayo más sobre el amor personal ni tampoco como un libro de autoayuda sobre cómo se debe ejercer el amor. Más bien intenta hacer accesible un territorio para la unión íntima, que supere ampliamente el «Yo te amo» y el «Tú me amas».

Se trata del terreno de la unidad con todos y con cada uno. Supera la visión antropocéntrica del mundo y nuestro egocentrismo.

Coloca en el foco de atención las verdades de fondo y hace que sean accesibles nuestros lazos con las causas más profundas de nuestro ser. Aquí no se experimenta el yo como algo separado de todo lo demás, sino como una ola del océano.

En este terreno no puede escapar nadie del amor. Se

trata del territorio de la unión mística, la experimentación de la unidad de todo lo que existe.

Considero mi vida como una historia de amor entre el hombre y Dios. Por eso proclamo con el místico sufí Ibn Arabi: «Sigo la religión del amor, allí donde se dirija su caravana, porque el amor es mi religión y mi fe».

Willigis Jäger

Aun cuando yo hablase las lenguas
humanas y angélicas,
pero no tuviese amor,
soy como metal que resuena,
o címbalo que retiñe.
Y si tuviese el don de profecía
y entendiese todos los misterios
y toda ciencia,
y si tuviese toda la fe,
de tal manera que trasladase los montes,
pero no tuviese amor,
nada soy.
Y si repartiese todos mis bienes
para dar de comer a los pobres,
y si entregase mi cuerpo para ser
quemado,
pero no tengo amor,
de nada me sirve.

El amor es sufrido, es benigno;
el amor no tiene envidia,
el amor no es jactancioso,
no se envanece;
no hace nada indebido,
no busca lo suyo,
no se irrita,
no guarda rencor;
no goza de la injusticia,
mas goza de la verdad.
Todo lo sufre, todo lo cree,
todo lo espera, todo lo soporta.

1 Cor 13

ÁGAPE: EL AMOR A LOS DEMÁS

«Un monje había enfermado de disentería» —se relata en un pasaje del canon Pali— y yacía tirado en su propia orina y excrementos.» Cuando el Buda pasó delante de su alojamiento le preguntó por qué nadie se ocupaba de él.

–Los demás monjes no se ocupan de mí –respondió el monje–, porque yo tampoco hago nada por ellos.

El Buda y su acompañante, Ananda, lavaron al monje, lo recogieron y lo acomodaron en una cama. El Buda interpeló a la comunidad por qué no se habían ocupado del monje enfermo y les dijo:

–Monjes, no tenéis madre ni padre que os puedan cuidar. Si no os ocupáis los unos de los otros, ¿quién se va a ocupar de vosotros? Cualquiera que quisiera cuidarme a mí, tendría que cuidar también a los que estén enfermos.

La comunicación, la dedicación y por último, aunque no menos importante, el contacto son una parte esencial de nuestra vida. Es un gran regalo que otra persona nos vea, nos escuche, nos comprenda y nos toque. Y lo más grande que le puedo dar a los demás es verlos, escucharlos, comprenderlos y tocarlos.

Los monjes a los que habló el Buda, a causa de una comprensión errónea, sólo estaban interesados en su propia liberación, sólo buscaban para ellos mismos su camino hacia la iluminación y no se ocupaban los unos de los otros. Sin embargo, al identificarse el Buda con el monje enfermo, señaló que existe una relación entre la iluminación y el dolor. Sin el nacimiento, la enfermedad, la vejez y la muerte, no habría ni iluminación ni iluminado. El Buda se puede identificar con el monje enfermo porque ve que su propia iluminación y la del monje no son dos hechos diferentes.

También Jesús identifica su vida con la de todas las demás personas.

«Porque tuve hambre, y me disteis de comer; tuve sed, y me disteis de beber; fui forastero, y me recogisteis; estuve desnudo, y me cubristeis; enfermo, y me visitasteis; en la cárcel, y vinisteis a mí.»

El maestro Eckhart comentó con gran acierto al respecto: «Quien ama a Dios más que al prójimo, no le ama de forma total y completa». Se trata de experimentar la unidad con todos y cada uno, de donde surge el amor verdadero.

En esta vivencia de la unidad se fundamenta la sabiduría de todos los caminos espirituales, una sabiduría que afirma que no existe ninguna diferencia entre un yo y un tú, entre este Dios fundamental y el hombre. En esta experiencia de la unidad de todos los seres y de todas las vidas radica la meta de todas las sendas espirituales. De esta experiencia nace el amor. Y quien ama, recibe. Pues el amor es como el grito en una caja de resonancia: cuando grito, me devuelve el sonido.

Este amor cambia a las personas. Entonces no puedo evitar acercarme a mi prójimo, cuyo dolor experimento como propio y cuya alegría también es la mía. Aquí no existe ya ninguna preferencia, lo que no significa que en un nivel personal la madre no quiera a sus hijos de una forma especial y que el compañero no tenga una relación singular con su compañera. Esta experiencia de la causa primera cambia a las personas desde dentro hacia fuera, y éste debe ser el objetivo para cambiar a la humanidad.

El maestro Eckhart lo expresa con las siguientes palabras: «Si lo pensáis bien, el amor es mayor recompensa que un mandamiento... Quien ama a Dios, quien lo ama como debe y tiene que hacerlo, tanto si quiere como si no, y como lo aman todas las criaturas, entonces tiene que amar a su prójimo como a sí mismo».

Quien ama respeta la vida. Este respeto se refiere a todas las formas de vida y cosas. Todo es sagrado. Uno no se puede volver sagrado, ni se puede sacralizar nada. Todo es sagrado desde su origen. Nada es sagrado, dice Bodhidharma, que fundó en China la tradición zen, y con ello quiere decir lo mismo. Porque todo lo que existe es una revelación de la esencia divina.

En la senda espiritual experimentamos la unidad con todo lo vivo. Por eso experimentamos lo ajeno como una unidad con nuestra propia vida. Todo se convierte en parte de nuestra propia vida, incluso todo aquello que calificamos como imperfecto, perjudicial o malo. Reconocemos que en última instancia no tiene sentido una división entre sagrado y profano. Sin embargo, el amor verdadero no nace de la moral, ni de mandamientos como "debes" o "tienes que". El amor verdadero acepta al otro tal como es y lo reconoce como perfecto tal como es.

Muchos pasajes del Nuevo Testamento se mueven en esa dirección: «Cuanto hicisteis a uno de estos mis hermanos más pequeños, a mí me lo hicisteis», «Ama a tu prójimo como a ti mismo», «Amad a vuestros enemigos, haced bien a los que os aborrecen; bendecid a los que os maldicen, y orad por los que os calumnian. Al que te hiera en una mejilla, preséntale también la otra; y al que te quite la capa, ni aun la túnica le niegues» (Lucas 6, 27 ss.).

Pero eso no es más que falso idealismo replica rápidamente el sentido común humano. Cuando se contempla la situación mundial, las guerras, el terror, se puede llegar a la conclusión de que esto no es practicable. Sobre semejante ética, según la opinión general, no se puede fundar ningún orden social. Los malvados lo utilizarían para imponerse. Algo así no podría funcionar.

Sin embargo, el amor del que hablamos aquí no surge de la moral, sino que se fundamenta en la experiencia de la no-separación. Mientras el amor al prójimo sólo sea un mandamiento, no habrá paz ni armonía en nuestro planeta. Pero si lo vivimos en nosotros mismos y lo reconocemos en todas las manifestaciones, entonces nos relacionaremos con todo lo vivo con reverencia y respeto. El místico Thomas Merton describió esta experiencia de la siguiente forma: «De repente me pareció que veía la belleza secreta de los corazones, la profundidad a la que no llegan el pecado ni la codicia, la criatura tal como se encuentra en los ojos de Dios. ¡Si ellas (las criaturas) se pudieran ver tal como son! Si nos pudiéramos ver de esa forma los unos a los otros, entonces no habría ninguna razón para la guerra, el odio, la crueldad... Creo que el gran problema sería entonces que caeríamos de rodillas para adorarnos los unos a los otros».

Cuando amamos de verdad, nos reconocemos en el otro y experimentamos la posible maldad del otro como maldad propia. Sólo esta forma de amor puede ofrecer la otra mejilla, sólo ella puede ofrecer también la túnica cuando nos piden la capa. Si este comportamiento surgiese sólo de la bondad, se quedaría en algo superficial y sin relación con nuestro verdadero ser. Cuando amamos de verdad, no podemos hacer otra cosa, porque experimentamos la unidad de todo lo vivo y nos autolesionaríamos si le hiciéramos daño al prójimo.

Este amor nos capacita para abrazar a nuestro contrincante y relacionarnos con benevolencia con aquellos que nos odian. Entonces reconocemos en los contrarios y en los opositores la dinámica de la vida, que no se desarrolla de forma lineal, sino que presenta de forma continua situaciones que con frecuencia parecen caóticas. Dejamos de querer unos padres perfectos, un maestro o una maestra perfectamente sabios, un compañero perfecto, una compañera perfecta, una familia perfecta, una comunidad perfecta, un estado perfecto y una Iglesia perfecta. Entonces sabemos que todo contiene simultáneamente también su contrario.

Por eso este amor no es acrítico. Puede decir que no y expresar y defender su propia convicción. Muchas místicas y místicos permanecieron fieles a sus convicciones, aunque les provocasen conflictos con la Iglesia o les condujeran a la hoguera.

La transformación del mundo empieza siempre con nosotros mismos. Sólo a través de nuestra bondad y nuestro amor podemos cambiar el mundo de forma duradera.

La siguiente historia del Hacedor de Lluvia lo pone

de manifiesto: en una aldea hacía mucho tiempo que no llovía. De nada servían todas las oraciones y rogativas, de manera que los aldeanos se vieron en la necesidad de llamar al gran Hacedor de Lluvia. Al llegar al pueblo dijo:

–Dadme pan y agua para algunos días y una choza en vuestra aldea en la que me pueda retirar.

Al cabo de tres días empezó a llover. Llenos de alegría los habitantes de la aldea se acercaron al Hacedor de Lluvia y le preguntaron cómo lo había hecho. El Hacedor de Lluvia les respondió:

–Al llegar a vuestra aldea sentí el desorden, provocado por vuestra insensibilidad y enemistades. Por eso entré en mi choza y me puse a mí mismo en orden. Y al ordenarme yo mismo, vosotros también os ordenasteis. Al encontraros en orden, la naturaleza también se ordenó. Y al ordenarse la naturaleza, llovió.

Somos responsables de lo que transmitimos al mundo, ya sea amor, bondad, aversión, odio, ira o compasión. El amor no comienza con la palabra y con el abrazo, se inicia en nuestro pensamiento y en nuestros sentimientos. Y lo mismo ocurre con la aversión, el odio o la ira.

Muchas personas tienen dificultades para aceptarse a sí mismas y para quererse. Por eso puede resultar importante buscar un acompañamiento terapéutico para el camino. La psicoterapia puede tener una función sanadora para los condicionamientos, las sombras y las enfermedades de nuestro yo. En algunos casos de heridas muy profundas, el efecto clarificador y liberador de los métodos psicoterapéuticos abren la posibilidad de dedicarse con calma al zen o a la contemplación. El ejercicio espiritual permite la curación de las heridas, pero con frecuencia se necesita una clarificación de la psique y de lo que se encontraba reprimido y escindido. En el silencio de la meditación descubren con frecuencia las personas lo atrapadas que se encuentran en los viejos modelos y condicionamientos y hasta qué punto les dominan las vivencias dolorosas de su pasado. Todos reprimimos parte de nuestra psique a lo largo de nuestra vida. La psicoterapia puede ser una ayuda valiosa para integrar estas partes sombrías que tenemos arrinconadas, para descubrir proyecciones y para curar heridas. Por eso ofrecemos en nuestro centro espiritual cursos para el desarrollo de la personalidad, cursos de terapia sistémica, de respiración holotrópica, de Naikan y de otras técnicas parecidas. Se trata de una clarificación del espíritu y del corazón, para conseguir llegar a la claridad total a través de la senda espiritual.

Teresa de Ávila ya habló de ello en su libro *El castillo interior*: «No se entienda que las potencias y sentidos y pasiones están siempre en esta paz [...], en otras moradas no deja de haber tiempos de guerra y de trabajos y fatigas».

El acompañamiento espiritual significa acompañar a la persona para que mire detrás de la estructura de su yo. Por ello se trata menos de un cambio que se pueda hacer que de un cambio que se desarrolla en el interior, cuando se emprende una senda espiritual. Se trata de un proceso de transformación que se desarrolla de dentro hacia fuera. La estructura del Yo sufre una clarificación y la persona empieza a sospechar que la esencia se encuentra detrás de la estructura del primer plano. Un acompañamiento comprensivo y amable a lo largo del camino significa aquí una aportación decisiva, porque para las personas representa una experiencia existencial que se las acepte y ame tal como son. En todas las personas existe la tendencia básica a buscar y desear la solidaridad. Todos llevamos dentro la tendencia básica al amor y la unidad. Podemos amar desde nuestro nacimiento, porque las personas llegamos al mundo con esa capacidad. La experiencia de la solidaridad existencial la ha adquirido el niño en la seguridad del seno materno. Lo que pertenece a la madre, también le pertenece al niño. Después del nacimiento la persona pierde esa seguridad, que resulta modificada a través de la educación y a lo largo de la vida se difumina y olvida. A pesar de esto, en lo más profundo de nuestro ser permanece ese anhelo a la unidad. A través de la senda espiritual la persona puede encontrar de nuevo el acceso a esa esencia primordial. La experiencia de la unidad y de la solidaridad se vive ahora en un plano diferente. Ésta se produce ahora a través de la vivencia de una unidad transracional, en la que se retira todo lo personal. Con la ayuda de un acompañamiento espiritual lleno de amor, la persona encuentra el acceso a una aceptación absoluta, que en último término se encuentra más allá de cualquier ayuda humana. Esta experiencia se trasluce radiante en nuestra vida cotidiana. Cambia nuestra actitud ante la vida y la existencia para los demás se convierte en un elemento vital.

Lo que realmente transforma el mundo de dentro

afuera es nuestro amor universal. Él es quien, en último término, puede cambiar nuestro mundo. Existe un campo energético "persona" del que participamos todos. En este campo acumulamos nuestra solidaridad y benevolencia. A través de nuestro cambio de vida podemos ayudar o entorpecer a los demás. Y esto no ocurre sólo en el campo material-psíquico, sino también en el terreno transpersonal. Lamentablemente, con mucha frecuencia nos comportamos como si estuviéramos aún en los tiempos de los hombres de la Edad de Piedra. Intentamos solucionar los problemas con la violencia, en lugar de resolverlos a través del amor. Para eso siempre está disponible la energía del amor. Y la podemos utilizar cada vez sin ninguna limitación.

Enviar al mundo amor y paz

En la actualidad sabemos que en el ámbito transpersonal existe un campo de energía eficaz. Las tradiciones místicas llevan siglos trabajando con él, y las ciencias modernas han confirmado su existencia. La entonación y el canto de melodías sagradas es uno de los elementos esenciales de todas las tradiciones místicas. En la oración de Jesús se repite de forma ininterrumpida el nombre de Jesús; en el sufismo se recita el Dios Uno con cada respiración; en el hinduismo y el budismo se conoce la sílaba sagrada "OM"; en el budismo tibetano, el mantra *Om mani padme hum* como expresión de una profunda solidaridad.

La fuerza de las melodías sagradas nos puede ayudar a nosotros y a los demás en momentos y situaciones difíciles. Cuando no resulta posible participar físicamente en una situación o en una circunstancia determinada, porque el acontecimiento se produce lejos de nuestra área de influencia, podemos enviar nuestra solidaridad y nuestro amor a estos lugares. Porque en este universo todo se encuentra unido por encima del tiempo y del espacio.

En nuestras celebraciones del ágape entonamos con frecuencia el saludo de paz judeocristiano *Shalom* y el saludo de paz musulmán *Salam* y con ello enviamos nuestro amor y nuestra solidaridad a los campos de guerra y de crisis de Oriente Medio. Al hacerlo, abrimos nuestras manos sobre las rodillas en un gesto de dar y recibir.

También podemos introducir estas palabras de paz en nuestra meditación silenciosa. En ese caso unimos esta melodía a nuestra respiración, recitamos en silencio al inspirar *Sha-* y al espirar *–lom*, a la siguiente inspiración *Sa-* y al espirar *–lam*, y lo repetimos hasta el final de la meditación.

Quien medite durante bastante tiempo con esta melodía de paz sentirá cómo se extiende la paz por su propio corazón. A partir de aquí podemos enviar la paz y nuestro amor a las personas y a los lugares del mundo que necesitan paz.

Yo soy aquel al que amo,

y aquel al que amo

es yo.

Al-Hallaj

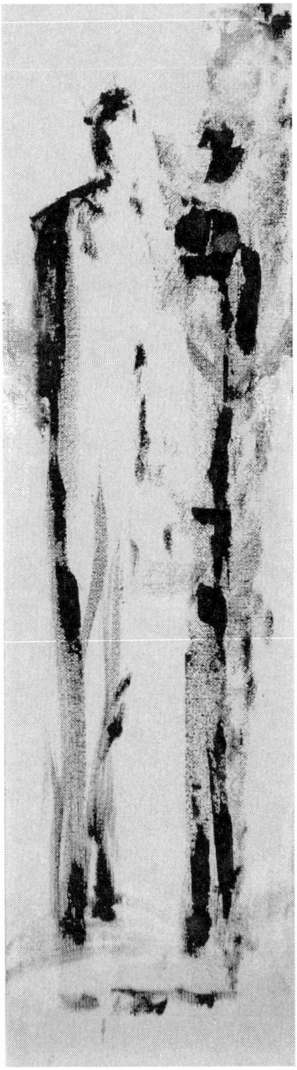

EL AMOR SUPERA CUALQUIER DUALIDAD

La estructura fundamental del universo es la unidad, la solidaridad y el amor. Cuando actuamos contra el amor, no actuamos sólo contra un mandamiento, sino que actuamos contra la estructura fundamental del universo, que está formada por el amor. Éste es el mandamiento esencial de todas las religiones. El maestro Eckhart dice: «En el amor en el que Dios se ama a sí mismo, también ama a todas las criaturas; no como criaturas, sino las criaturas como Dios. En el amor en el que Dios se ama a sí mismo, ama a todas las cosas» (Sermón 26). En otro lugar dice: «Suena extraño que el hombre de tal manera puede llegar a ser Dios en el amor; sin embargo, es verdad dentro de la verdad eterna. Nuestro Señor Jesucristo da testimonio de ello» (Sermón 5). El místico sufí Rumi dice: «El desinteresado [el que se ha olvidado a sí mismo] se ha convertido en un espejo: no hay nada más que el reflejo del rostro del otro. Si le escupes, estás escupiendo a tu cara; y si golpeas el espejo, te golpeas a ti mismo; y si ves en el espejo un rostro odioso, eres tú; y cuando ves a Jesús y a María, eres tú».

En la colección de *koan Mumonkan*, el maestro zen Tozan pregunta en el *koan* 45: «Incluso Shakyamuni y Maitreya sirven a Alguien. Decidme: ¿quién es ese Alguien?» Ese Alguien es el fundamento de todo ser. Nosotros somos una encarnación de ese fundamento, y nuestro deber es reconocer ese fundamento como nuestro ser y vivirlo en esta forma tan concreta que somos nosotros. En el poema que acompaña este *koan* se dice: «No uses el arco de otro. No montes el caballo de otro. No parlotees sobre los errores de otro, los asuntos de los demás no te interesan». Todos servimos al Uno. Todos usamos el arco de *uno* y montamos el caballo de *uno*. Sólo existe *un* arco, sólo *un* caballo, sólo *una* vida, que nos une a todos. Y cuando hablamos de los errores de los demás, hablamos de nosotros mismos.

Vivimos en una época de un egocentrismo pronunciado, que amenaza con aplastar a la humanidad como género. Los últimos estudios han demostrado que el 2% de las personas poseen el 50% de todos los bienes de la humanidad. Al mismo tiempo, mil millones de personas padecen hambre. Sólo la experiencia de la unidad existencial de toda la vida, a la que las personas hemos dado el nombre de amor, nos puede ayudar a superar este egocentrismo, que se ha introducido de forma tan destructiva en nuestra humanidad.

Porque apenas habíamos superado la unidad simbiótica de nuestro pasado prehomínido y podíamos decir "yo" y "tú", cuando Caín mató a su hermano Abel. Este fratricidio mitológico se ha extendido de forma aterradora por la historia de la humanidad y amenaza la existencia de toda la especie. Con nuestro egocentrismo atentamos constantemente contra la estructura fundamental del universo, que está formada por la unidad y el amor. Desde la perspectiva de la unidad, luchan entre sí las ramas de un mismo árbol. Esto es un despropósito y es autodestructivo. La humanidad se encuentra en un turbulento proceso de transición. Sin embargo, la situación caótica en la que nos hemos colocado nosotros mismos, podría ofrecer una oportunidad y con ello una salida para construir algo nuevo. El desarrollo de nuestra especie sigue adelante y no permanece anclada en el terreno racional-personal. Si conseguimos alcanzar el siguiente escalón del desarrollo humano, entonces recibiremos el regalo de esta capacidad para romper las limitaciones del ego y con ello alcanzar la autotrascendencia. La autotrascendencia no es nada más que el amor, que comprende la experiencia existencial de la unidad con el cosmos, que es la razón de ser de la vida.

El maestro Eckhart dice: «En el amor que brinda un hombre no hay dos, sino (sólo) uno y unión, y en el amor, antes que hallarme en mí mismo, soy más bien Dios» (Sermón 6). La senda espiritual nos prepara para esta experiencia. Nos vacía y nos abre para que seamos receptivos al fundamento de todo ser. El mandamiento moral «amarás a tu prójimo» no nos ha llevado muy lejos. Sólo cuando experimentemos la unidad con todos los seres, cambiará algo en las personas. Sólo cuando experimentemos el amor como estructura fundamental de la evolución, podremos vivir juntos de forma digna.

El amor abre un espacio que nos puede ofrecer una salida al caos actual que ha establecido nuestro egocentrismo. El amor supera nuestra cultura de la autorrealización impulsada por el yo. De ella nace la preocupación por la variedad y la diversidad, y ésta es la base para cualquier vida en comunidad. En una experiencia mística profunda desaparece cualquier separación. Cambia la vida desde la raíz.

Una experiencia verdaderamente mística conduce a la unidad, a la no-dualidad. Se descubre claramente el ser individual como una ilusión. No se trata de una sensación, sino de un conocimiento interior, de que nada se puede separar, una experiencia profunda de la unidad de todos los seres. De ello surge lo que las religiones llaman el fundamento de todo ser. En el maestro Eckhart se llama *Divinidad*; en Johannes Tauler, *Fundamento*; *Nada*,* en Juan de la Cruz, y en el zen se designa este fundamento como *Vacío*. Este fundamento aún no tiene forma. Es como el océano, que aún no ha levantado ninguna ola, pero que une a todas las olas cuando aparecen.

* En castellano en el original. *(N. del T.)*

La verdadera meta de la existencia,
no consiste en amar,

tampoco consiste
en dejarse amar,

consiste simple y llanamente
en convertirse en amor.

Thomas Schied

EL AMOR AL YO VERDADERO

¿Qué debe conseguir realmente nuestra práctica espiritual? En el canon Pali, la colección de escritos más antigua que nos ha transmitido la enseñanza del Buda Shakyamuni, la palabra *Bhavana* designa todas las prácticas que en el lenguaje común podríamos considerar bajo el concepto de "meditación". La mejor traducción de *Bhavana* sería "desarrollo de la verdadera esencia". Precisamente de eso se trata en la senda espiritual: del desarrollo de nuestra verdadera esencia. Para ello nos encontramos de inmediato con muchos obstáculos, problemas y fenómenos desconcertantes. En los escritos antiguos se describen como demonios. En la actualidad hablamos en estos casos de emociones, de neurosis o de bloqueos psíquicos.

Cuando nos sentamos en unos cojines para meditar, se hace el silencio y se vacía lentamente el escenario de nuestras preocupaciones cotidianas, se presentan de verdad todos los demonios interiores y todos los ángeles traviesos que al fin han encontrado el lugar vacío para emprender su danza. Debemos reconocer que en el silencio desarrollamos permanentemente un diálogo interior, reaccionamos, valoramos y juzgamos de forma continua, de manera que en ningún caso somos señores en nuestra propia casa y no tenemos ningún control sobre nuestro yo. Surgen recuerdos, aparecen viejas heridas, nos abruman las emociones. Las emociones se pueden convertir en un obstáculo muy serio en la práctica espiritual. A través de ellas nos podemos sentir obligados a un comportamiento descontrolado y nos pueden tiranizar formalmente. En algunas terapias se incitan de forma consciente las emociones, y sus manifestaciones se consideran parte del camino hacia la curación. Sin embargo, psicoterapeutas como Roberto Assagioli, fundador de la psicosíntesis, o Victor Frankl, fundador de la logoterapia, subrayan que las emociones se pueden convertir y transformar, y que una persona que realmente quiere madurar y crecer lo primero que debería hacer es el esfuerzo para cambiar sus reacciones habituales antes las emociones. En la senda espiritual esta transformación es indispensable; porque quien se complica y permanece preso de sus emociones es muy difícil que pueda penetrar en el espacio transpersonal. Entonces, ¿qué se debe hacer? ¿Cómo podemos manejar en la senda espiritual emociones tan fuertes como la ira, el orgullo, la frustración, el enojo, el rencor y los celos? Durante las prácticas aprendemos a admitir y reconocer por primera vez estos sentimientos. Adquirimos práctica en convertirnos en testigos de estos procesos internos, sin valorarlos ni juzgarlos. Aprehendemos lo que ocurre con nosotros, a nuestro alrededor y en nuestro interior. Esta atención por sí misma ya es saludable, porque advertimos lo efímeras que son nuestras emociones, que ni siquiera existen de la forma que creíamos, sino que van y vienen. Así tenemos la posibilidad de conocer nuestras emociones, de reconocerlas, sin dejar que nos dominen. Y no sólo eso: aprendemos a aceptarnos tal como somos, con todas nuestras emociones, nuestros miedos, nuestras dificultades. De esta forma conseguimos manejar de una forma completamente nueva las situaciones difíciles y aclarar los sentimientos que se encuentran por debajo de las mismas. Las emociones pierden la fuerza con la que nos atenazan y dejan paso a sentimientos verdaderos. Quien se observe con atención podrá darse cuenta de que existe una diferencia entre emociones y sentimientos. Las emociones son reacciones afectivas y psíquicamente muy enraizadas que nos obligan a actuar. En cambio, los sentimientos son movimientos más serenos de la psique que no están sometidos a esa fuerte necesidad de reaccionar y actuar. Por eso en nuestras prácticas se trata de transformar las emociones sin que con ello se expulsen los sentimientos. Se trata de certificar, reconocer y asumir los sentimientos. Cuando hayamos reconocido nuestras emociones y los sentimientos que se encuentran bajo ellas, podremos decidir si es necesario actuar, es decir, si debemos expresar o no nuestros sentimientos. De esta forma recuperamos nuestra libertad interior y no seguimos expuestos a nuestras emociones. A través de la práctica de la atención y de la concentración en la respiración nos volveremos permeables y nos liberaremos de nuestras cadenas.

¿Cómo se desarrolla esto en un caso concreto? Cuando está furioso, sienta esa furia. Esté furioso completamente despierto. Sea consciente de su furia. La ira no debe ahogar su conciencia despierta. Incorpore esa ira a sus ejercicios. Inspire la ira y después espírela. Se dará cuenta cómo lentamente se va debilitando y se empieza a disolver. No intenta ahogar su ira, sino que se da cuenta de la misma y se convierte en testigo de lo efímera que es. Lo mismo sirve para el odio o la codicia. Practique a enfrentarse a estas emociones, a reconocerlas, sin dejar que le dominen, le abrumen y le ahoguen. Cuando haya adquirido práctica, se dará cuenta de que las emociones son fenómenos efímeros, que pasan como nubes sobre nuestra psique y que con ello oscurecen nuestro verdadero ser. Cuando no sigamos enredados en un conflicto continuo con nuestras emociones, encontraremos una fuerza nueva que podremos aplicar a nuestra obligación real: la búsqueda de nuestra esencia verdadera.

Reconciliación

Otra mañana
sin fantasmas,
en el rocío brilla el arco iris
como señal de reconciliación.

Te puedes alegrar
de la forma perfecta de la rosa,
en el verde laberinto te puedes
perder y reencontrar
en clara figura.

Puedes ser un hombre
confiado.

El ensueño matinal te explica
cuentos en los que puedes
dar un nuevo orden a las cosas
repartir colores
y volver
a llamar bella

a esta mañana,
tú, creador y criatura.

Rose Ausländer

ENCONTRAR A TRAVÉS DE LA RECONCILIACIÓN CON EL AMOR

La enseñanza más importante en la senda espiritual es el hecho de que no existe ningún yo permanente. Quien avance hacia su verdadero ser ya no encuentra allí ningún ego. Los sabios de todas las religiones ya fueron conscientes de este hecho. Sin embargo, no tener ego no significa que no se encuentre ningún yo en pleno funcionamiento, sino que más bien significa que ya no nos seguimos identificando con el yo. Empezamos a reconocer a nuestro yo como parte integrante de una realidad mucho más amplia. Porque comprendemos que somos mucho más de lo que nuestro yo nos muestra. Nuestra verdadera esencia es algo mucho más fundamental. Nuestra conciencia tiene una espacio mucho más amplio, que podemos denominar "transpersonal". Es este espacio el que da sentido, forma y desarrollo a nuestra vida. Siempre está a nuestra disposición como fuente de curación y guía interior. En este espacio nos sabemos unidos en lo más profundo al todo y a todos los seres. Reconocemos que la separación de nuestro yo es sólo una ilusión y un error terrible de nuestra época. Cuando nos abrimos caminos hasta nuestro verdadero ser, aprendemos a convertirnos en expresión y consumación de lo divino.

Pero antes de que ninguna persona pueda realizar este descubrimiento de la unidad, es necesaria la disolución de este yo prepotente y de todas sus representaciones. El camino conduce primero a algunas personas a través del *horror vacui*: el horror al vacío. El yo reconoce su insignificancia. Esto es una travesía y a la vez un condición para la experiencia mística.

La senda espiritual conduce a continuación a través de las heridas, el dolor y los miedos. Son sobre todo las viejas heridas las que plantean las dificultades más importantes, heridas de la primera infancia, que tuvieron lugar antes de que estuviéramos preparados para comprenderlas y asumirlas. Estas heridas tempranas nos han dejado una marca, y se reactivan una y otra vez como recuerdos cuando vivimos situaciones similares, y por eso pueden reproducir una y otra vez el dolor. Tenemos la sensación de que debemos vivir de nuevo las mismas experiencias dolorosas o traumáticas.

Una psicoterapia puede estar muy indicada en estos casos, porque permite aligerar las situaciones dolorosas, ordena el interior, conduce a una mayor claridad e introspección y de esta manera puede permitir las transformaciones necesarias. Pero también la práctica espiritual de la concentración puede disolver las marcas más duras de la primera infancia, como documenta en sus libros el maestro de la meditación y psicoterapeuta Jack Kornfield.

La concentración es el punto de partida para la curación de heridas enquistadas. Es importante pasar de nuevo por el dolor y notarlo, pero sin dejar que nos aísle ni que nos domine. Se trata de reconocer conscientemente todos los sentimientos relacionados con él y que se despiertan en nosotros. Cuando adquirimos la capacidad de recibir concentrados las sensaciones que llegan en oleadas, ya no nos encontraremos impotentes ante el dolor y gradualmente nos podemos liberar de él. Mientras aprendemos a asumir y aceptar nuestras heridas, también conseguimos una reconciliación interior con las personas que las ocasionaron. Después de plantearnos realmente el hecho de que nuestros padres y otras personas importantes en nuestra vida nos han producido dolor a través de sus actos, podemos dejar de lanzarles reproches y decirnos: me han proporcionado estas circunstancias para mi vida, me han formado y marcado, pero ahora las dejo atrás y seré dueño de mi vida a partir de este momento. Esto no significa que debamos aceptar de forma fatalista todo lo que nos ocurra en la vida. Se trata más bien de poner fin al tormento interior y curar las heridas que nos infligieron. Dejamos de regodearnos en ellas. Abandonamos la prisión de la identificación con nuestro pasado y miramos hacia delante. Seguramente la reconciliación no es fácil. Reconciliarse significa poder decir que sí al dolor, la humillación, la injusticia, a todo lo que nos hicieron, y aceptarlo como parte de nuestra vida y dejar de lado todos los reproches.

Una y otra vez me preguntan cuál es la piedra de toque para valorar los avances en la senda espiritual. Me parece que la verdadera piedra de toque es manejar las emociones y curar las heridas. Avanzar de verdad en la senda espiritual significa desarrollar un sentimiento de autoestima que en toda responsabilidad para con los demás nos haga al mismo tiempo independientes del comportamiento y la opinión de los demás. Sin embargo, no es sencillo construir un sentimiento de autoestima. Debe crecer. Y cuanto más acceso tengamos a nuestra verdadera esencia, más nos podremos abrir al amor, de manera que seremos más independientes de los asaltos emocionales de la vida. Con cada experiencia más profunda en la senda espiritual, crece la benevolencia con todos los seres. Y esta benevolencia se mantiene en pie cuando otras personas se relacionan con nosotros de forma adversa o negativa. Si conseguimos permanecer en esta comunión con nuestra esencia más profunda, no estaremos inseguros y reaccionaremos frente a la crítica y la calumnia con calma y tranquilidad. E incluso cuando nos enfurecemos, no se trata de una furia apabullante, sino de la furia del amor, que se desencadena cuando algo se erige en contra de la vida. Jesús tampoco se anduvo con remilgos. Se enfrentó a los fariseos cuando le pareció necesario. Cuanto más ampliamente conocemos nuestra verdadera esencia, podemos pasar por la vida con mayor facilidad y ligereza. Las sendas espirituales llaman a esto sabiduría, que va unida a un amor que lo abarca todo.

Un ritual de reconciliación

Los rituales contienen fuerzas de curación. Son intermediarios entre lo consciente y lo inconsciente. Con la fuerza de los rituales podemos alcanzar desde fuera el interior y de esta manera abrirnos a nuestra verdadera esencia. Los rituales son componentes esenciales de todas las religiones. También desempeñan un papel importante en la psicoterapia contemporánea, porque provocan cambios en nuestra psique. Siempre podemos recurrir a ellos cuando abandonamos el pasado, empezamos algo nuevo y queremos provocar la reconciliación. Los rituales también nos pueden ayudar a relacionarnos con nuestras emociones. Nos pueden fortalecer contra el miedo, el estrés y la depresión. Incluso actividades rituales tan sencillas como encender en silencio una vela por la noche pueden desplegar de esta manera su efecto curativo. Los rituales no curan por sí mismos, sino que son las fuerzas primordiales de la vida que yacen en lo más profundo a las que damos la posibilidad de actuar efectivamente a través de los rituales.

El siguiente ritual se lo aconsejo a las personas que quieren acabar con heridas y agravios enquistados: reserve un poco de tiempo para sí mismo y retírese a un lugar silencioso. Encienda una vela y prepare unas hojas de papel para escribir. Ahora vuelva con el recuerdo de nuevo a la situación en la que se sintió herido o agraviado y con la que quiere acabar a través de este ritual. Húndase conscientemente en el dolor, deje que surjan todas las imágenes interiores y los sentimientos que le provocan. Ponga entonces por escrito toda la rabia y la ofensa. Tómese para ello todo el tiempo y el espacio que necesite. Lo puede hacer con palabras duras, injuriosas y furiosas. Cuando haya apuntado todo lo que le sale del alma, deje de lado lápiz y papel y concéntrese en su respiración, con la que se podrá sentir interiormente relajado. Tome entonces lo que ha escrito, préndale fuego y quémelo en un lugar adecuado. Con ello certifica que el pasado no ha desaparecido, pero que en cierta forma ha llegado a su fin. Confirma con ello que está dispuesto a reconciliarse con ese pasado. Deje ahora de culpar a los demás y a sí mismo. Ábrase confiado a la vida que tiene por delante. Siempre que se sienta abrumado por sus heridas y agravios, recuerde este ritual. También lo puede repetir todas las veces que lo considere necesario.

Tendríamos que acostumbrarnos a considerar nuestra vida cotidiana como un ritual en el que se celebra lo divino. Si lo conseguimos, viviremos nuestra vida más concienciados. Comprenderemos lo que quiso decir Jesús con la expresión «El reino de Dios está en vosotros». Entonces comprenderemos lo que quiso decir Jesús al aconsejarnos que confiáramos en la vida como los pájaros del cielo y los lirios del campo. Sobre estos cimientos, que son nuestra verdadera patria, estamos a salvo. A ellos podemos entregarnos con toda confianza.

Hubo un tiempo,
en el que rechazaba a mi prójimo
si su fe no era la mía.
Ahora mi corazón es capaz
de adoptar todas las formas:
es un prado para las gacelas
y un claustro para los monjes cristianos,
templo para los ídolos
y la Kaaba para los peregrinos,
es recipiente para las tablas de la Torá
y los versos del Corán.
Porque mi religión es el amor.
Da igual,
a dónde vaya la caravana del amor,
su camino es la senda de mi fe.

Ibn Arabi

LA ÉTICA DEL AMOR

Casi todos los sistemas religiosos incorporan llamamientos morales. Mandamientos y prohibiciones siguen desempeñando un papel importante en la educación religiosa. Sin embargo, les falta una fuerza primordial mientras no toman residencia en el interior de las personas. El comportamiento ético no debería ser algo que se imponga desde fuera o que las personas se obligan a hacer por miedo al castigo. El miedo ha sido siempre un medio poco adecuado para imponer un comportamiento ético. La amenaza del infierno y de un renacimiento desfavorable condujo con frecuencia a las personas a una dependencia infantil y a un comportamiento neurótico. Todo lo que las personas hacen por temor y miedo, lo que les oprime y les roba su libertad, está en contradicción con el amor que todo lo abarca.

En la senda espiritual, la ética surge en la persona no de buenos propósitos y de apelaciones a la voluntad, sino de la experiencia de la unidad. La persona se transformará hasta en lo más profundo de su ser. Esto trae consigo una transformación de la conciencia y de una visión del mundo que supera el estrecho círculo del yo. De la personalidad transformada surgen nuevos valores y nuevas formas de comportamiento. Crecen la sabiduría, la solidaridad y el amor. De esta forma aparece un código moral interior e inamovible, que puede chocar con las normas de la sociedad o de la comunidad de fe. Se trata de un código del amor. «¡Ama y haz lo que quieras!», pudo decir por eso el padre de la Iglesia Agustín. Porque quien ama siente en sí lo que está bien y lo que está mal, y simplemente no puede hacer nada que vaya en contra de ese código interno. Cuanto más penetramos en el fundamento de nuestro ser, más comprendemos que vivimos gracias a la esencia fundamental del amor. Cuando empezamos a vislumbrar la presencia de Dios, se volatilizan muchas necesidades que hasta entonces nos habían tenido atenazados. Se produce una liberación y un desprendimiento de las dependencias. El fundamento de Dios toma la iniciativa y transforma a la persona de dentro hacia fuera.

La esencia más profunda de la persona alberga una fuerza que actúa en contra de las tendencias egoístas y las iguala, cuando se aprende a confiar en ellas. Cuando la persona se ha transformado de verdad, desparecen muchas de las fuerzas negativas que se podrían interponer en su camino. La tensión entre sujeto y objeto, entre yo y tú, se convierte en una unidad. Cuando esta experiencia se une a las raíces más profundas del ser, todas las actividades quedan libres de las exigencias del yo. La persona abandona su egocentrismo e individualismo, y se experimenta como parte de un gran todo. Al principio el amante considera que el mundo ha cambiado, pero en realidad ha sido él el que se ha transformado desde dentro y de repente experimenta el mundo exterior como algo completamente distinto. En este proceso de maduración, su actuación ética se convierte en una expresión de su ser más profundo. En consecuencia, existe una identificación total entre convicción y actuación. A eso llama la religión sabiduría. Por eso el individuo deja de ser un juguete de su entorno. Por el contrario, crece una autoestima correcta y la fuerza de la resolución a decir sí o no. Muchos místicos prefirieron acabar en prisión o incluso en la hoguera a ser infieles a sus convicciones.

Por eso, en una ética correctamente entendida, no se trata de combatir malos comportamientos, sino de la reparación de una especie de desequilibrio. Cuando los platillos vacíos de una balanza se encuentran en desequilibrio, se corrige el error no poniendo pesos en el platillo más ligero, sino colocando correctamente el fiel de la balanza. De la misma manera podemos corregir la falta de armonía en el alma humana mediante el traslado del centro de gravedad del yo al amor.

La senda mística conduce al conocimiento del Uno. Este fundamento se manifiesta como amor, como el conocimiento existencial del Uno. Y este conocimiento lleva al prójimo, siendo la base de una nueva *ética del amor*. Se reconoce en el prójimo. Por eso la meta de todas las vías místicas es la conducta atenta, la iluminación del espíritu y la "desintoxicación del corazón". Quien a través de la experiencia mística consigue experimentar su verdadera esencia reconoce el fundamento de todo ser, del que no puede separarse nada. La senda mística se transforma en una unidad universal. Ahí pretenden llegar todos los místicos de Oriente y Occidente. Ésa es la verdadera revolución que debe provocar la humanidad: la revolución del amor. En esta experiencia radica la salvación de nuestro mundo desgarrado. El amor no puede excluir a nadie, de este amor no se puede alejar nadie, ni siquiera el asesino, el terrorista o el criminal de guerra. La mística reconcilia mundo y hombre, y sabe que no existe nada que no sea una manifestación de esta realidad última. El maestro Eckhart se refiere una y otra vez a este hecho: «Desde esta razón tan profunda debes realizar todas tus obras sin porqué alguno. De cierto digo: mientras hagas tus obras por el reino de los cielos o por Dios o por tu eterna bienaventuranza (es decir), desde fuera, realmente andarás mal... Pues de veras, quien se imagina que recibe más de Dios en la meditación, la devoción, el dulce arrobamiento y en mercedes especiales que cerca de la lumbre o en el establo hace como si tomara a Dios, le envolviera la cabeza con una capa y lo empujara debajo de un banco».

El mundo que habitualmente consideramos real está formado por un conjunto de fenómenos individuales. El mundo verdadero es uno. Este mundo unitario en realidad no es nada más que el conjunto del mundo concreto con muchos y diversos elementos individuales.

Lo fenoménico y lo esencial son dos aspectos de una misma realidad. Son como una vara con dos extremos. No existe ninguna vara con un solo extremo. No existe nada que no sea una forma de la "no forma»". El mundo fenoménico es idéntico al mundo del vacío total y de la unidad, en el que no existe nada. Una buena ilustración de esto sería la comparación con una pantalla de cine. La pantalla está totalmente vacía. Sólo al proyectarse sobre ella las imágenes aparece el mundo de las muchas formas y colores.

Las incontables formas proyectadas están completamente vacías. El vacío en todas las formas las vincula con la unidad. «Uno es todo y todo es Uno.» El vacío también tiene la función de que reconozcamos el Uno.

El conocimiento del vacío conduce a una nueva alianza con todos los seres y cosas. Abre el camino a una alianza empática. El dolor de los demás se convierte en mi dolor.

Cuanto más profunda sea la experiencia mística, mayor será nuestra solidaridad. Y de ahí nace la motivación para nuestro comportamiento social. No nace de ningún mandamiento, sino de la experiencia del amor ilimitado. Se trata de la experiencia de la unidad y de la alianza con todos los seres. Las religiones definen esto como el "Dios interior". Sólo desde aquí obtiene la palabra amor su significado verdadero. Este amor no procede del ego. No tiene nada que ver con simples expresiones de amor como: "Te quiero". Con la experiencia mística surge una benevolencia universal que, en el cristianismo, se llama *ágape*. Ya no conoce a ningún prójimo ni a nada ajeno. Lo abarca todo, porque en el Uno no existe ninguna partición. Este amor es como el sol, que no diferencia entre el bien y el mal, sino que luce de la misma forma sobre todo. El Dios interior y también cada uno de los místicos son amor. De ahí nos nace la motivación para nuestro comportamiento social.

Una y otra vez me abordan personas que me dicen: «Cuando alcance este amor, para mí ya no existirá ninguna diferencia entre el bien y el mal». Alguien vio en las noticias un crimen y descubrió impresionado: «Yo también soy el criminal». Otro regresó de la ciudad y comentó entre lágrimas: «Soy el mendigo de la esquina». Sólo existe Uno, y eso lo podemos reconocer como nuestra verdadera esencia. Quien consigue llegar a este escalón ha interiorizado la ética del amor y comprende las palabras del padre de la Iglesia Agustín: «¡Ama y haz lo que quieras!». Es el propio amor que de aquí en adelante determina el comportamiento ético de las personas.

Cuando buscas estar próximo a mí,
cumpliendo mis mandamientos,
te fundes con mi amor,
entonces soy el oído con el que oyes
el ojo con el que ves,
la mano con la que coges,
el pie con el que caminas.

Sentencia de los Hadit

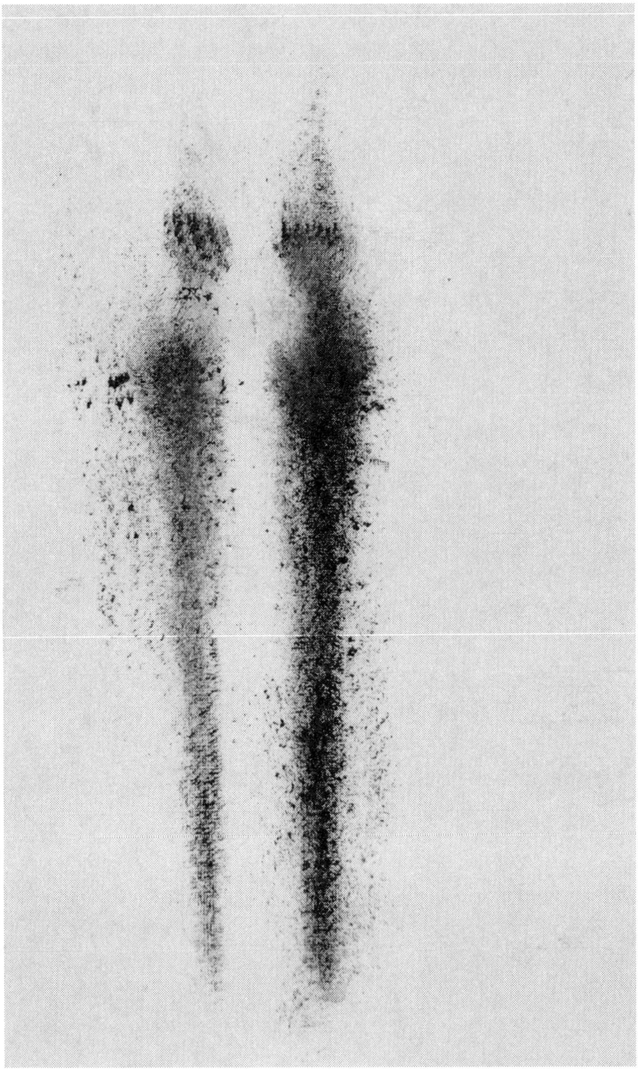

LA EXPERIENCIA DE LA UNIDAD DEL AMOR

A través del amor aparece en la creación un campo de energía nuevo y fuerte, que es mucho más que la suma de sus partes. El amor es algo que no se puede explicar de forma racional, porque se extiende mucho más allá de la estructura corporal y espiritual de la persona. Se trata de un anhelo metafísico, de una fuerza primordial, que conduce a romper las limitaciones del yo.

El problema es que con frecuencia buscamos el amor en los lugares equivocados, fuera de nosotros, en los demás. Pero en última instancia el amor verdadero surge de la fuente primordial de la vida. Se trata del amor incondicional que fluye de la experiencia de la unidad de todo lo vivo. El sol de este amor reluce siempre, aunque en una persona concreta pueda estar permanentemente oscurecido a causa de las nubes del egocentrismo. Las religiones intentan convertir esto en un mandamiento. Pero el "tú debes" y el "tú tienes" nunca se han logrado imponer a las personas. Sólo cuando la persona en su "proceso de humanización" adquiera la experiencia de la unidad, cambiará algo en la humanidad. Es posible que tarde aún generaciones, hasta que como especie hayamos conseguido desarrollarnos hasta esta etapa de conocimiento. Las sendas místicas de las religiones intentan conducirnos a este estadio desde hace siete mil años. Pero cada etapa del desarrollo necesita su tiempo.

En el amor la persona se libera de su yo. Lo "pierde" ante los demás. El amor verdadero a una persona no es sólo el amor a esa persona en concreto, sino el amor a un ser eterno, que está representado en esa persona.

Walter Schubart escribe al respecto: «El amor liberador es –como amor de Dios y como amor a los demás– un camino interminable desde el propio yo para adentrarnos en un territorio extraño. A través de él, realiza la naturaleza el intento más maravilloso para hacer salir al individuo y proporcionarle la experiencia de la unidad absoluta. Cuando la persona queda atrapada por el amor liberador, lo agarra el Absoluto».

En gran parte proyectamos nuestros anhelos en etapas intermedias. Pero siempre que alcanzamos una meta, reconocemos que aún no hemos llegado. Esta situación persiste hasta que no hemos experimentado este "amor divino" como nuestra verdadera esencia.

Un buen ejemplo de ello es la parábola del hijo pródigo, que aparece de forma muy similar en muchas culturas. Se trata de la historia de un hijo que le pide a su padre que le entregue su herencia. Piensa que en algún lugar de ahí fuera debe haber una gran vida que vivir. Se va, busca y malgasta su herencia, para terminar finalmente como porquero, al que ni siquiera se permite alimentarse con la comida de los cerdos. Entonces se acuerda de su casa, regresa y es recibido por su padre con gran amor y sin ningún reproche.

La parábola explica la historia de nuestra propia transformación. Nos muestra el camino por el que andamos. Es al mismo tiempo un espejo en el que podemos reconocer nuestro propio proceso vital. Porque también nosotros hemos abandonado la casa del padre y hemos olvidado quién somos en realidad. El padre simboliza la esencia de nuestro ser, nuestra patria, nuestro origen divino, Dios. Todos procedemos de este origen divino, que la historia llama el padre. El hijo pródigo simboliza nuestra conciencia del yo, nuestra identificación con el ego. Éste actúa de forma tan narcisista y egocéntrica, como hacemos la mayor parte de nuestra vida, hasta que aprendemos quiénes somos realmente. La miseria en la que caemos es la consecuencia natural de la separación de nuestra verdadera esencia. Este dolor existencial asalta a la persona cuando lo ha quebrantado todo, cuando lo ha perseguido todo y cuando ha probado toda satisfacción sustitutoria. La consecuencia de la actuación egocéntrica es el dolor. Parece que debemos atravesar primero por la separación, el dolor y la necesidad, antes de estar preparados para regresar a nuestra verdadera patria. Con frecuencia es el dolor, el fracaso, lo que nos hace recobrar la conciencia y lo que nos recuerda nuestra meta verdadera. En la historia se trata de la casa del padre, queriendo señalar con ello nuestra esencia verdadera, el regreso a la unidad con el fundamento primordial de la vida.

Todo este universo participa de la unidad. En este principio fue esta conciencia una y absoluta, que en sí misma es creativa, la que se dividió en la multiplicidad. Para este proceso tenemos una imagen que procede del científico de la naturaleza Arthur Koestler: la imagen del holón. Un holón es a la vez un todo y una parte de algo mayor. Un ejemplo sería el átomo, que, por un lado, es un todo y, por otro lado, es parte de otro todo, de una molécula. Una molécula, a su vez, forma parte de una célula, y la célula es parte de un organismo. Nada es exclusivamente una parte o únicamente un todo. No existe nada que sea sólo lo uno o lo otro. Siempre tenemos que enfrentarnos a un holón. Cada holón es una parte y es un todo. Por ello tiene dos tendencias: tiene que participar al mismo tiempo de su plenitud como todo y de su parcialidad como parte. En consecuencia, el holón tiene que mantener su identidad, porque en caso contrario desaparece; pero al mismo tiempo también debe conservar su relación con el todo. Cada holón tiene la tendencia a unirse a un holón mayor.

Sólo en la superación de la dualidad y en la vivencia de la unidad podremos superar las personas la separación y experimentarnos como uno. Esta vivencia de la unidad recibe el nombre de solidaridad o amor por parte de las religiones desde los tiempos más remotos. Quien no siga el amor atenta contra el todo. Porque el amor es la estructura fundamental de la evolución. Este universo es un universo de amor. Y de ahí recibe cada relación amorosa entre las personas su significado existencial.

Sin embargo, nuestro yo tiene la tendencia a oponerse a la fuerza primordial que nos impulsa a regresar a la unidad. No se quiere rendir al amor. Se diferencia del impulso místico de fusión en que quiere mantenerse firme en su egocentrismo. Por eso existe el peligro de utilizar a los demás, para enriquecerse y aprovecharse de ellos. Quiere crecer y extenderse, pero no busca una unidad más alta en la unión con los demás. Por eso el otro quedará degradado como un medio para alcanzar fines personales, como medio de disfrute, como mercancía, que puede ser utilizada y consumida a voluntad. Semejante amor no es más que una extensión del egoísmo.

En la religión existe un comportamiento similar que el maestro Eckhart describía de la forma siguiente: «Sólo haces ver que buscas a Dios; en realidad, conviertes a Dios en una vela para buscar algo con ella; y cuando encuentras lo que buscabas, tiras la vela» (Sermón 3). El amor a Dios recibe un mal uso como medio para alcanzar metas personales. La persona intenta manipular a Dios en beneficio propio. Ansiar propiedades y posesiones es la fuerza motora de la satisfacción del yo. En la falsa religiosidad, la persona no se liberará por voluntad propia de aquello que codicia para su disfrute personal. Sin embargo, la verdadera esencia de la religión es la entrega. En la mística, al igual que en el amor, el yo está dispuesto a entregarse y a fundirse con los demás.

Un gesto de entrega

Los gestos son una forma elemental y antiquísima con la que las personas nos relacionamos con el centro de nuestro ser y con su fundamento divino. Todas las religiones conocen comportamientos, movimientos y gestos para meditar. Nos abren, hacen que fluyan las energías y activan una fuerza poderosa y transformadora. También en el cristianismo se utilizaron durante mucho tiempo en los claustros gestos de oración, mucho antes de caer casi todos en el olvido.

Estirarse en la tierra y arrodillarse son formas de entrega practicadas por todas las religiones. El propio Jesús se postró en la tierra en el huerto de los olivos y se entregó él y entregó su vida a la voluntad de Dios. En el zen existe la tradición de arrodillarse 108 veces. Los budistas tibetanos peregrinan alrededor de la montaña sagrada de Kailash, avanzando constantemente de rodillas. Los fieles del Islam se postran en dirección a La Meca para orar.

El siguiente gesto de entrega en la oración es una práctica antiquísima de la humanidad: tiéndase en el suelo, la frente apoyada en las manos. Sienta el suelo bajo su cuerpo estirado. Fúndase con la tierra, que le soporta. Húndase en la tierra, cada vez a mayor profundidad, olvide el peso de su cuerpo y entréguese. Con esta forma de entregar el yo puede eliminar todo lo que le abruma. El gesto de oración le ayuda a liberarse de todo eso y al mismo a asumir su situación vital.

Más sobre los gestos de oración en: Willigis Jäger y Beatrice Grimm. *Der Himmel in dir. Einübung ins Körpergebet.* Múnich: Kösel, 2000.

No sé nada de ambos mundos,
sólo conozco uno,
sólo busco uno,
sólo sé de uno,
sólo encuentro uno,
y sólo canto a uno.
Estoy tan embriagado
del vino del amado
que los dos mundos
han desaparecido.
No me queda nada más que hacer
que tomar la copa del amado.

Rumi

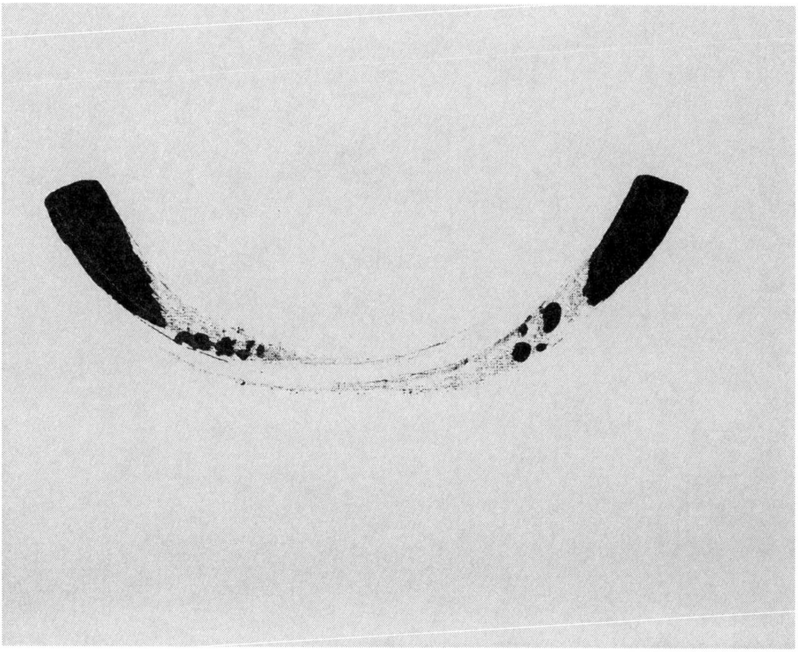

ANHELO DE TOTALIDAD: EL AMOR ERÓTICO

En el principio fue el Uno, lo Sagrado, la Claridad, lo Entero. La esencia de Dios es Una. La creación significa la manifestación del Uno en Muchos. El Uno se despliega en un número infinito de manifestaciones, que permanecen vinculadas entre sí, aunque son una expresión totalmente individual del Uno y le pertenecen, al igual que una ola pertenece al océano. Nada está separado en este cosmos.

Todo dolor humano es en última instancia dolor de separación, se trata del anhelo de la parte hacia el todo. Sentirse separado, sentirse solo: éste es el padecimiento fundamental de todas las partes y la razón de todas nuestras búsquedas y ansias. Seguimos teniendo en nuestro interior una noción del todo, y eso es lo que despierta el anhelo en nuestro interior. La añoranza sólo es posible porque sospechamos que existe una patria. El nombre que damos a nuestro anhelo de unidad es amor.

Rumi escribió sobre este tema un poema maravilloso. Trata de la flauta de bambú que canta y se lamenta porque fue cortada del bambú: «Escucha a la flauta de bambú. Se habla de la separación: cortada del bambú, debo lamentarme y llorar».

El amor es la llave para comprender la evolución. Sin que el Uno saliera de sí mismo y se convirtiera en dos y en muchos, no habría habido evolución. Pero con la evolución se produjo una "división" del Uno y con ello llegó la intranquilidad. Todos los seres sienten que no se encuentran completos. Y por eso lo separado se afana en volver a la unidad. La persona siente este déficit de la división con mayor fuerza que otros seres. Y por eso con la humanización, que al mismo tiempo es una separación entre hombre y mujer, empezó la búsqueda de la parte que faltaba. El amor personal no es nada más que esta búsqueda. Cada mitad busca a la otra para poder vivir como un todo.

Nuestra naturaleza más profunda no es ni femenina ni masculina, sino una. En el cielo no habrá bodas, dijo Jesús. En nuestra situación primigenia no estamos separados. Sólo con la humanización empezó la "tragedia primigenia de la individualización". Como consecuencia del mito bíblico de la creación, las personas supieron que estaban desnudas, es decir, solas y expulsadas del todo. Ése es el dolor primigenio de la humanidad. Un dolor de separación que no cesará hasta que la humanidad haya descubierto el camino para volver al Uno. Porque separados de esta experiencia de la unidad nos sentimos perdidos y solitarios.

El eros, la esperanza de encontrar en otras personas la satisfacción del anhelo, es un motor poderoso y uno de los medios más fuertes de la trascendencia del yo. La unión sexual rompe las fronteras del yo, supera la separación y conduce a la experiencia de la totalidad. Por eso, el amor, el erotismo y la sexualidad son algo profundamente religioso: son etapas en el camino del amor interminable. De esta forma, el amor en la pareja se puede convertir en una senda que conduce a la unidad por encima del yo y del tú. El camino conjunto, cuando se sigue de una forma realmente consecuente, conduce de forma inevitable a través de turbulencias, a través de problemas y crisis. Con frecuencia, personas que a pesar de tener puntos de vista y formas de vida diferentes se aguantan y siguen juntas, aun con sus diferencias, experimentan un proceso de maduración de su relación de pareja. Llegan al punto no sólo de ceder, sino de desear al otro su desarrollo y despliegue personal. Descubren que el amor ha persistido cuando el compañero o la compañera ha tomado otro camino. Y, finalmente, incluso están en disposición de darse la libertad mutuamente si llega el momento de la separación.

Yo soy de mi amado,
y conmigo tiene su contentamiento.
Ven, oh, amado mío, salgamos al campo,
moremos en las aldeas.
Levantémonos de mañana a las viñas;
veamos si brotan las vides, si están en cierne;
si han florecido los granados;
allí te daré mis amores.

Cantar de los Cantares 7, 11-13

AMOR: EL REGRESO DE LO REPRIMIDO

La religión y el erotismo proceden de la misma fuente, pero el cristianismo los ha separado muchísimo. Excepto en la mística amorosa de la Edad Media, que también se expresa en imágenes eróticas, o en el Cantar de los Cantares, el erotismo prácticamente no ha tenido una carta de naturaleza en el cristianismo. De ahí obtiene esta fuerza primordial e indivisible del amor el extraordinario potencial para transformar el mundo. Sin embargo, en el cristianismo se abrió un abismo entre amor y erotismo, y más tarde se impidió cualquier conexión entre los dos. Las personas en nuestro mundo occidental toman habitualmente la religión como un sistema de dogmas de fe, como una doctrina y como un sistema de exigencias morales. Conocen mucho menos la religión como camino y compañera en el descubrimiento de la unidad con la divinidad y con ello en una conexión mística.

Hemos separado la religión de la vida al dividir el amor entre ágape y eros. Ágape como la forma religiosa del amor, eros como la mundana. Hemos dividido el mundo en "sagrado" y "profano", en servicio divino y vida cotidiana, en oración y política, en pecado y santidad. Sin embargo, lo divino se muestra en todo lo que existe. La religión es la comunión con Dios en nuestra cotidianidad.

El maestro Eckhart decía: «Si quieres encontrar la naturaleza abierta, las semejanzas deben romperlo todo, y cuanto más se penetre, más cerca nos encontraremos del ser. Cuando el alma encuentra al Uno, en el que todo es Uno, permanece en este Uno» (Sermón 24).

En el cristianismo hemos forjado un Dios con rasgos claramente masculinos. Sin embargo, Dios no es hombre ni mujer. Cuando utilizamos imágenes antropomórficas, los atributos femeninos deberían encontrarse al mismo nivel al lado de los masculinos. Sin embargo, las imágenes femeninas de Dios fueron eliminadas por una concepción patriarcal de Dios.

Sólo en el capítulo 49 del Génesis se han conservado rasgos matriarcales de la religión. En ese pasaje se aplica a Dios el nombre de Shaddai. Aparentemente la palabra *Shad* está emparentada con la palabra hebrea que significa "seno materno". Lo más seguro es que en su origen se designase con ello a una divinidad femenina. El texto se refiere indudablemente a elementos femeninos (Génesis 49, 25). En nuestras celebraciones del ágape recito la siguiente bendición:

Que Shaddai nos bendiga
con las bendiciones del cielo de arriba
y con las bendiciones del abismo,
que está debajo,
con las bendiciones de los pechos y del vientre maternos,
con las bendiciones de las espigas y de las flores,
con las bendiciones de las montañas eternas,
del esplendor de las colinas antiquísimas.

En el fondo, en el techo de la Capilla Sixtina, en lugar de un anciano con barba podría ocupar su puesto una mujer joven y llamar a la vida a una mujer. Naturalmente sabemos que Dios no es ni hombre ni mujer, pero "él" sigue teniendo rasgos marcadamente masculinos en nuestras representaciones. A través de la imagen masculina de Dios se llegó a una sobrevaloración de los elementos masculinos en la religión y en la sociedad, y a una opresión de las cualidades femeninas. En el cristianismo las personas han intentado transmitir lo femenino oprimido a la Virgen María, a la que recurren muchas personas en los lugares de peregrinación cuando se encuentran apesadumbrados y en necesidad.

También en mi educación religiosa ha llevado su tiempo que descubriera la otra mitad de mi alma: el lado femenino. En el Occidente cristiano domina desde hace milenios el lado masculino. El elemento fáustico impregna nuestra sociedad, nuestra economía, nuestra política y, sobre todo, también nuestra religión. Pero con ello sólo vivimos la mitad de nuestra psique. Ha llegado el momento de descubrir y vivir los tesoros femeninos en nosotros. Estos tesoros se encuentran ocultos en nuestro interior. Fueron sepultados con la expulsión de las religiones matriarcales por las religiones teísticas. La imposición de las religiones patriarcales, que se muestra en el Antiguo Testamento, otorgó al hombre el derecho sobre la mujer, a los ricos el derecho sobre los pobres, a los fuertes el derecho sobre los débiles. El exterminio de otras personas y pueblos por mandato de Yahvé llena muchas páginas del Antiguo Testamento. Hasta el día de hoy domina en nuestra sociedad el polo masculino. De esta forma la conciencia del yo de toda la humanidad se ha desarrollado a costa de una parte esencial de la psique humana y por ello ha perdido totalmente el equilibrio.

Es necesaria la polaridad equilibrada entre masculino y femenino. Sin esta polaridad no existe ninguna energía. La polaridad es la ley esencial de la estructura del mundo. Pero cuando hablamos de polaridad pensamos inmediatamente en oposición. Pero en realidad estos polos se condicionan y complementan. Dependen el uno del otro y hacen posible la totalidad.

El descubrimiento y la estima de lo femenino en nuestra época es el regreso de lo largamente oprimido. El arquetipo femenino, la madre de toda la vida, domina el inconsciente colectivo. Este arquetipo no sólo está anclado en los niveles más profundo del alma de la mujer, sino también en los del hombre. La imagen de Dios exclusivamente masculina, el miedo de la Iglesia católica y el miedo del hombre ante la mujer indican una expulsión del ánima y con ello una expulsión de los elementos femeninos en el hombre y por último, aunque no menos importante, de la sociedad. Esto representa una ignorancia terrible y una falta contra la estructura interna de la creación y de la evolución.

Sólo quien esté dispuesto a abrirse, a recibir y a engendrar, comprenderá lo que quieren decir las religiones con el mandamiento del amor. Quien descubra en sí este fundamento divino y se entregue a él reconocerá que en lo más profundo de nuestra alma quedamos embarazados de amor, que querrá engendrar en nosotros. Estoy seguro de que en esto el hombre puede cosechar mucho más que la mujer. Parece que a la mujer aparentemente le resulta mucho más fácil encontrar la entrada a la experiencia mística del amor. La parte femenina en la psique de las personas se convierte así en lugar de nacimiento de una comunidad humana que está unida por el amor.

Junto con la mujer y con lo femenino, también fueron despreciados la naturaleza y el cuerpo por el espíritu patriarcal. Durante mucho tiempo las personas que se han acercado a la divinidad han creído que el cuerpo era un obstáculo para el camino. Intentaron ahogar sus necesidades, hasta lo hubieran "matado" para que no pudiera seguir impidiendo la transformación de la conciencia. Cuerpo y espíritu se han visto durante mucho tiempo como dos hermanos enfrentados. San Francisco, que, por la época en que vivió, había apaleado a su cuerpo como a un "burro", encontró al final de su vida el mensaje del "Hermano Cuerpo". Pero la "mortificación" del cuerpo sólo se consigue muy raras veces. El cuerpo se defiende contra ello, se venga y devuelve los golpes. A pesar de esto, muchas personas viven en la actualidad en una disonancia entre cuerpo y espíritu. Sin embargo, una espiritualidad contemporánea y moderna cuida el cuerpo como a un amigo en el camino y lo trata con atención y cuidado. Con razón habla el místico indio Kabir del cuerpo como un instrumento de Dios: «¡Oh, amigo! Este cuerpo es su lira: él tañe sus cuerdas y le arranca la melodía de Brahma. Cuando las cuerdas duermen y las llaves se aflojan, entonces debe convertirse de nuevo en polvo este instrumento de polvo. Kabir dice: Nadie como Brahma puede interpretar esta melodía».

El cuerpo es, al igual que toda la naturaleza, una representación de la divinidad. La valoración del cuerpo es la premisa para un acercamiento positivo al erotismo y a la sexualidad. Si tomamos en serio nuestra encarnación como personas, entonces debemos tomar en serio y asumir el cuerpo, todo el cuerpo con sus experiencias de alegría y padecimiento. Se trata de la forma en la que se regocija la "no forma".

Efrén el Sirio, uno de los grandes doctores de la Iglesia siria, compone en un himno: «El cuerpo introducirá a su compañera, el alma, en el aposento nupcial y la consolará... Revestido de un cuerpo estuvo el primer nacido, el Hijo de Dios. Lo utilizó como manto de su hermosura, el novio inmortal resplandecía en su vestidura. Quieran resplandecer vuestros cuerpos, vuestras vestiduras».

Sin embargo, hasta la actualidad, ni las religiones de Occidente ni las pocas religiones de Oriente han resuelto la tensión entre cuerpo y espíritu. Esto se muestra especialmente en sus consideraciones sobre la sexualidad. En el fondo de la conversión en tabú de todo lo carnal se encuentra una cierta visión del mundo y de la naturaleza. La tradición cristiana contempla el mundo y con ello la naturaleza y los cuerpos como algo separado de Dios y del espíritu, y por ello el disfrute de la experiencia sexual se considera algo inferior. Dios se ha convertido en un guardián moral de las costumbres, y la representación de un Dios erótico, amante, procreador y acogedor se ha vuelto en el cristianismo algo completamente impensable. En cambio, en el taoísmo y en el budismo tántrico se ha incorporado la dimensión erótico-sexual en lo espiritual, y algunas indicaciones para el acto amoroso en las escrituras taoístas o tántrica hacen pensar en las instrucciones para recibir un sacramento. Esto es inimaginable para muchos cristianos. Pero un sacramento no es nada más que un símbolo externo para una realidad interior. Precisamente a eso se orienta la unión de dos personas, a un sacramento, en el que se experimenta la unión de Dios y hombre, de espíritu y materia. En los templos indios se encuentran numerosas representaciones de la unión sexual, y esculpidas en piedra, representaciones de los genitales humanos. No es necesario decir que esto no tiene nada que ver con la pornografía. Porque no es la India, sino el Occidente cristiano la cuna de la pornografía, y con ello de la distorsión y del desprecio de la sexualidad. Estas imágenes y representaciones eróticas tienen un profundo significado simbólico:

simbolizan la unión de Dios y el hombre, del espíritu y la materia.

¿Por qué ha encontrado tan poco eco este simbolismo en la espiritualidad cristiana? ¿Por qué la imagen del amor nupcial entre Yahvé y su pueblo Israel ha inspirado a tan pocos artistas? El muy carnal *Cantar de los Cantares* del Antiguo Testamento ha sido muy poco valorado y representado por los artistas. ¿Por qué en la espiritual tradicional cristiana el acto amoroso ha sido considerado tabú y desprestigiado? No sólo está el *Cantar de los Cantares*, en el que se describe el amor entre Dios y el hombre como un amor nupcial, sino también otros muchos pasajes en la Biblia en los que se utiliza este simbolismo. Así dice en Isaías: «Pues al modo que vive el joven con la doncella, así morarán tus hijos en ti; y como el gozo del esposo con la esposa, así serás tú el gozo de tu Dios» (Isaías 62, 5). La relación amorosa entre hombre y mujer se convierte así en una epifanía de la alianza entre Dios y el hombre. Lo que une a hombre y mujer se llama según la tradición espiritual *Hagios Gamos*, las Bodas Sagradas. A través de la compañera o del compañero la persona vislumbra –y algunos lo experimentan de verdad– la unidad con lo divino, las Bodas Sagradas. La unión de los amantes se convierte en símbolo de la comunión con Dios. De esta manera cualquier persona puede encontrar en la relación amorosa la senda para regresar a la unidad. Se convierte en camino hacia Dios.

Este amor más humano
(que se consumará con delicadeza
y dulzura infinitas,
imperando luz y bondad, así en el unirse
como en el desligarse)
se asemejará al que vamos preparando
entre luchas y penosos esfuerzos;
el amor que consista
en que dos soledades
se protejan, se deslinden
y se saluden mutuamente.

Rainer Maria Rilke

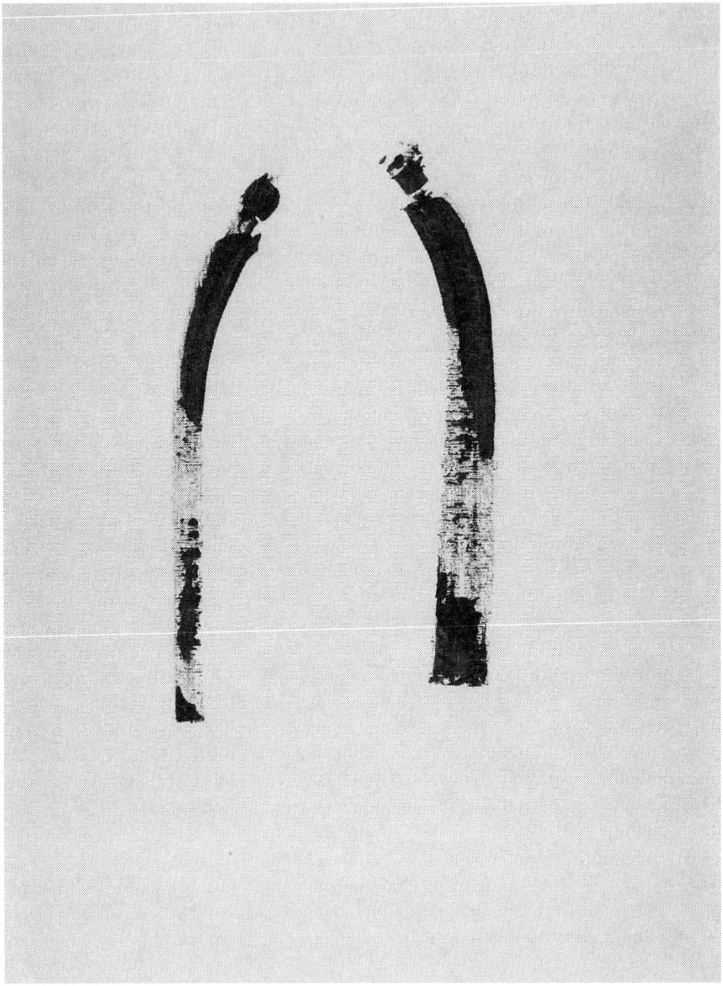

AMISTAD: EL AMOR AL TÚ

La posibilidad de intercambiar sentimientos y pensamientos es la base de cualquier relación profunda entre las personas y de cualquier amistad verdadera. Sólo con una persona que sea realmente nuestro amigo o amiga podemos ser espontáneos y nosotros mismos. El intercambio de pensamientos y sentimientos es un ámbito importante de nuestras vidas. El amigo, la amiga, nos da la libertad de compartir y la seguridad de que no seremos malinterpretados. Desprotegidos, nos podemos mostrar tal como somos, podemos hablar de lo que nos preocupa y sobre lo que nos parece importante. El amor amistoso entre dos personas es más que la suma de las partes. Muchas amistades de famosos recogidas en la historia demuestran la capacidad y creatividad de dichas relaciones. A través de la unión amistosa se produce un campo de energía completamente nuevo entre las personas. Este campo de energía puede tener incluso una carga erótica, aunque no implique una unión carnal. La energía erótica en la amistad puede realizar una aportación decisiva en el cambio y la transformación de los amigos, aunque entre ambos no tenga lugar ningún acto de amor sexual. Las personas que no expresan su erotismo en una relación sexual, sino en una unión amorosa platónica o en la dedicación comunitaria a cuestiones sociales, culturales o religiosas, no se pueden considerar por eso asexuales. Toda persona puede tener la experiencia de que la entrega a diversas formas de dedicación, ya sea en una caridad activa, en un proyecto comunitario, en la expresión artística, en la conversación profunda, puede provocar la aparición de sentimientos de una unidad torrencial y erótica con el otro. Sin embargo, quien elimine completamente de su vida la relación sexual debe escoger otra forma muy fuerte de entrega. Porque en caso contrario le amenaza la posibilidad de anquilosarse en el propio yo. Por eso, a la larga sólo se sienten bien en el claustro las personas que se saben impulsadas por un amor entregado a Dios y a los demás.

El amor se puede presentar de muchas formas. El amor carnal sólo es una de las variantes posibles. Las energías psíquicas y espirituales entre las personas también tienen mucha sustancia. Relaciones amorosas de amistad entre hombre y mujer se pueden considerar una posibilidad de transformación y cambio, como potencial de la maduración humana. Dichas relaciones son valiosas, y las deberíamos cuidar y cultivar. El amor siempre es creativo. Lo es en la educación de una persona nueva, al igual que en la educación conjunta de las ideas espirituales y en el apoyo transformador para el crecimiento del alma. El amor a otra persona no sólo nos cambia a nosotros, sino que también cambia nuestra visión del prójimo e incluso del mundo entero. Consigue la reconciliación entre hombre y mujer, entre humanidad y naturaleza, entre Dios y hombre.

Obligación sin amor te vuelve amargado.

Responsabilidad sin amor te vuelve desaprensivo.

Justicia sin amor te vuelve duro.

Verdad sin amor te vuelve criticón.

Educación sin amor te vuelve contradictorio.

Inteligencia sin amor te vuelve taimado.

Amistad sin amor te vuelve hipócrita.

Orden sin amor te vuelve mezquino.

Erudición sin amor te vuelve respondón.

Poder sin amor te vuelve violento.

Honor sin amor te vuelve altivo.

Propiedad sin amor te vuelve avaricioso.

Fe sin amor te vuelve fanático.

Sabiduría asiática

LA AUSENCIA DE AMOR

Cuanto más penetremos en los misterios del macrocosmos y del microcosmos, más deberemos reconocer que el bien y el mal son las dos caras de una misma moneda. Dios no es sólo lo que consideramos bondadoso, amable, misericordioso y compasivo. Dios tiene también un lado oscuro que las personas tenemos dificultades para explicarnos, porque nuestro entendimiento no tiene acceso a este lado oscuro. Sigue siendo un misterio para el que incluso la teología sólo tiene respuestas insatisfactorias. Imputar el mal sólo al hombre no resiste la más mínima mirada crítica. Debemos ser conscientes de que no podemos eliminar el mal de la evolución, porque entonces crearíamos a un diablo, a un antagonista, independiente de Dios. Lo que llamamos malo pertenece al acontecer evolutivo de la misma forma que lo que llamamos bueno. Porque también lo pecaminoso es una manifestación de este hecho fundamental. Esto no significa que la persona pueda hacer y dejar hacer lo que quiera; la experiencia de la unidad no lo permite en absoluto.

Que el mal forma parte del acontecer evolutivo lo expresa el maestro Eckhart en uno de sus sermones: «En cada obra, también en lo malo, en el mal del castigo al igual que en el mal de la culpa, se revela y resplandece por igual la majestad de Dios».

Por causa de expresiones como ésas fue acusado de hereje por la Inquisición. Pero sólo se pueden comprenden en un nivel más profundo de la unidad, al igual que las palabras siguientes: «Quien carga a uno con una injuria alaba a Dios incluso a través de este pecado de la injuria; y cuanto más injurie y cuanto más gravemente peque, con más fuerza alabará a Dios». Esto no es en ningún caso una incitación a hacer el mal, sino que expresa el conocimiento de que en el acontecer evolutivo no puede aparecer ni existir nada "fuera de Dios".

La cuestión del mal sólo se puede resolver en el marco de una profunda experiencia mística. Nuestro verdadero ser, esta potencia sin estructura, no conoce ni nacimiento ni muerte, y mucho menos lo bueno y lo malo. En este nivel, en el que aún no existe ningún pro y ningún contra, todo es sin diferencia la consumación del principio divino primordial. Lo que llamamos mal es el lado oscuro de Dios. Esto resulta extraño para la razón y sólo lo podemos experimentar. A través de semejante experiencia quizá no desparece del mundo lo que llamamos mal, pero adquiere una importancia completamente diferente.

Lo expresado hasta aquí no es ninguna recomendación del mal. Al contrario. Quien consigue llegar a la unidad, sólo se puede relacionar con los demás a través del amor. Pero galaxias enteras vienen y van con toda la vida que posiblemente alberguen. El conjunto del acontecer evolutivo, también lo que llamamos bueno o malo, aparentemente no se puede excluir de este principio fundamental. Todo es un elemento integral de un ser, un elemento del juego cósmico, al que hemos dado el nombre de Dios. Sólo en nuestra vida concreta se convierte en bueno o malo. No se puede eliminar del orden de la creación porque pertenece a él. Reconocer este orden de la creación tal como se muestra es uno de los procesos de integración más difíciles que debemos realizar las personas. La realidad absoluta contiene todo el ancho de banda de la evolución, y a ella pertenece también eso que llamamos el mal.

Sin embargo, ¿cómo podemos enfrentarnos al mal y qué nos puede liberar de lo que llamamos mal? ¿Qué nos puede sacar de la guerra, el terror y las injusticias clamorosas que se producen en el mundo? El primer paso para ello es descubrir en nosotros mismos la codicia, el odio y la obcecación, para no acabar siendo sus víctimas y no dejar que se proyecten hacia el exterior. Porque es nuestra propia obcecación la que provoca la codicia, la envidia y el odio en el mundo. Lo que llamamos malo surge siempre de una carencia de conocimientos. Si nos comprendiéramos mejor a nosotros mismos y a nuestra propia vida, y fuéramos más conscientes de las conexiones cósmicas, no existirían todos los horrores y todo el padecimiento en el mundo. Cuando reconozco que estoy unido a todo, entonces reconozco también que en la actuación de un dictador, de un terrorista y de un asesino se expresa y toma forma una parte de mi propia rabia, de mi propio odio, de mis propias agresiones.

Por eso, en el nivel de la unidad, el amor está disponible incluso para las personas que nos quieren mal y nos hacen daño. Esto es difícil de explicar desde un punto de vista racional. Pero esta unidad de fondo alcanza más allá de toda maldad y bajeza; lo que no quiere decir que no padezcamos bajo la maldad de otra persona. Pero en este segundo nivel del amor no se puede excluir a ninguna persona, en este nivel ni siquiera puedo excluir a genocidas como Hitler, Stalin o Mao.

Comprende más bien un profundo pesar que algunas personas han quedado estancadas en su desarrollo; un profundo pesar porque no han alcanzado el nivel de la humanidad madura. Se trata de un pesar como el de una madre hacia un hijo que se haya convertido en un criminal, pero que aun así no puede excluir de su amor. El amor hace posible el reconocimiento de un tirano como persona, que en realidad no ha seguido adelante en su proceso de humanización. No obstante, esto no significa en ningún caso que se perdonen sus hechos.

Por esta razón, en la senda espiritual cada uno de nosotros debe enfrentarse inevitablemente con sus propias sombras ocultas. La sombra es el lado oculto de nuestra conciencia. Por eso es tan difícil verlo, y cuando aparece, reconocer que nos pertenece. La aceptación y la reconciliación con las sombras reprimidas es un cometido importante en el camino. Es una condición para nuestro proceso de plenitud. Sólo entonces seremos verdaderamente libres para amar. Esta experiencia de la unidad de la vida conduce a la alianza con todos los seres y es la condición para una profunda solidaridad y amor.

El Buda definió este principio primordial como Vacío, una experiencia de la unidad que nos conduce a la solidaridad, como dice el zen. Jesús y las religiones teístas, el judaísmo y el Islam, hablan del amor. «El que no ama, no ha conocido a Dios; porque Dios es amor» (1 Juan 4, 8).

El místico de *La nube del no saber* dice: «No descuides esta entrega callada del amor. Por el amor de Dios ten cuidado en este camino y no te tortures ni con pensamientos ni con imaginaciones, porque a pesar de todo tu esfuerzo no te aproximarás con ello a tu meta. Deja descansar los sentidos y el entendimiento. Reconocerás a Dios como amor. Unido al espíritu a través del amor, lo descubrirás escondido en lo más profundo de tu espíritu. Totalmente desprovisto de tu esencia y envuelto en ella como algo único, lo reconocerás como es, sin la turbación de los sentimientos de alegría, aunque sean los más elevados y afortunados que pueda haber sobre la Tierra. Este reconocimiento es oscuro, porque así debe ser en esta vida. Pero en la clara pureza de tu corazón íntegro, lejos de la locura y el error, al que todos están expuestos, sentirás y reconocerás, lejos de todo engaño, que es el propio Dios, tal como realmente es.»

Vuestra soy, para vos nací,
¿qué mandáis hacer de mí?

Teresa de Ávila

LLEVADO POR EL AMOR DIVINO

El budismo tibetano llama a este universo un universo de amor. En el cristianismo se dice que Dios es amor. El amor siempre está ahí. Quien no se sitúa en este terreno del amor, actúa contra la estructura fundamental de la evolución y con ello contra la vida misma.

El amor es la raíz de la realidad, incluso antes de que se transformara en un sistema y en un orden.

La relación con esta realidad de fondo sigue estando ahí. Por eso no se trata de adorar, agradecer y rogar, sino más bien de entregarte totalmente a esta realidad de fondo, con todo lo que soy y todo lo que hago. Sobre esta experiencia, Rumi hizo que dijera Dios: «Deja de escribirme poemas de amor, estoy aquí, siénteme...».

El amor es el plano sobre cuyos fundamentos se despliega este universo. Autotrascendencia es otro concepto para nombrarlo. El amor es autotrascendencia, porque rompe las fronteras del ego y supera la separación. Es el origen de todas las formas, la experiencia de la que surge toda la vida y en la que se une toda la vida. El amor es como un árbol que tiene muchas ramas. Todas las ramas permanecen en el árbol, del que proceden. El árbol las une a todas, es su origen y las convierte en una unidad, que no se puede perder.

El amor es el fundamento del acontecer evolutivo. Quien no puede amar no se puede abrir, no puede intervenir en el intercambio con los demás, de manera que tampoco puede vivir una vida plena, porque vivir significa pertenecer a una comunidad, sentirse aceptado y protegido, y ser consciente del significado de la propia vida. También aquí se muestra de nuevo la autotrascendencia como estructura fundamental de la evolución. Sólo si puedo ir más allá de mí mismo, me puedo abrir, participo de lo más grande y del todo, y con ello formo parte del plan de construcción de Dios.

Todos formamos parte del proceso evolutivo, en el que se despliega la fuerza creadora de lo divino. La experiencia espiritual hace que la fuerza creativa se vivifique en nosotros. Moldeamos el mundo y somos responsables por nuestros congéneres.

En la actualidad, también las ciencias naturales han llegado a la conclusión de que el cosmos forma una gran unidad de la que no puede salir nada. Todo está unido a todo. Del intercambio de las partículas más pequeñas se desarrollan las formas de vida más elevadas. De este intercambio se desarrolla la vida. Este intercambio es otra forma de llamar al amor.

La biología y la psicología se interesan por esta intersección de campos. Un campo es una forma de organización, que es una no materia, un fundamento transmaterial y transracional, que se organiza a partir de fuerzas no causales. Todas las partes actúan sobre la Unidad. En concreto: cuando de una bellota nace una encina, se produce un proceso físico-químico. Pero es el campo el que se ocupa de que como consecuencia de ese proceso físico-químico surja una encina. Y también es el campo el que se ocupa de que de un óvulo no surja otro óvulo, sino que con el tiempo nazca una persona con forma humana, con una psique y un intelecto. En nuestra existencia estamos mucho más condicionados por fuerzas y campos de fondo, de lo que habíamos pensado hasta la actualidad. Sin embargo, el campo no se encuentra en el cuerpo, sino que el cuerpo está en el campo. El campo es lo esencial. En conjunto hablamos también de campos morfogenéticos, cuyo concepto fue definido por Rupert Sheldrake. Se trata de campos en los que participamos todos. Todos participamos en el campo humanidad. En este campo humanidad nos alimentamos, de este campo humanidad nos alejamos. Esto quiere decir que todos aportamos tanto lo positivo como lo negativo al campo humanidad. En la actualidad sabemos que los campos cerrados se autodestruyen, porque se trata de una ley natural. Por eso las células cancerosas intentan organizar un campo cerrado y se reproducen, y con ello destrozan todo el organismo.

El cosmos se puede comparar a una red gigantesca. Cada malla individual es muy importante, pero sola no tiene ningún significado. Sólo como malla en la red puede sobrevivir. Solos tampoco tenemos ningún significado. Solos perecemos.

La verdadera enfermedad de nuestra época es que no reconocemos esta ley fundamental de la evolución.

Porque sobre el fundamento de esta ley se despliega el mundo. Sin embargo, nuestro mundo está enfermo porque se ha erigido contra esta ley fundamental.

Cuando en el cristianismo se dice: Dios es amor, nos estamos refiriendo a esta ley fundamental, que todo lo une y que es la propia vida de Dios.

Las religiones no han inventado el mandamiento «amarás a tu prójimo como a ti mismo», sino que lo han deducido del desarrollo de este mundo, en el que el propio Dios se está desplegando. Los sabios de las religiones han reconocido la estructura fundamental de la evolución, que se llama amor. Lo que llamamos Dios es el fundamento de toda vida: es el amor.

Este amor es el que se nos aparece siempre cuando penetramos en las capas más profundas de la conciencia. Cuando se me acercan personas que han tenido una experiencia profunda, con frecuencia me dicen: «¡Podía abrazar a todo el mundo!». Y de ahí no queda nada excluido. Esta experiencia es la abertura incondicional a los demás, al Uno y al Todo. Y es precisamente este estado fundamental el que como especie echamos totalmente de menos por el momento. Nuestro narcisismo, la limitación en nosotros mismos, es nuestra verdadera enfermedad, y persiste el peligro de que, como el Narciso de la mitología griega, que sólo se podía amar a sí mismo, nos ahoguemos finalmente en nuestra propia imagen en el espejo.

Si le echamos un vistazo al mundo, si contemplamos nuestra propia vida, podremos ver lo extendida que está la incapacidad para alcanzar la autotrascendencia y cuánta falta nos hace que nos abramos a la estructura fundamental del universo. El neurobiólogo Gerald Hüther deja claro en su visión de la evolución que en la historia evolutiva sólo pudieron sobrevivir las formas de vida que se han sumado a la búsqueda del territorio del amor y la autotrascendencia. Sólo quien puede amar, se puede abrir e intervenir en el intercambio con los demás. Sólo quien puede amar, puede sobrevivir; porque la vida necesita de la comunidad, de seguridad y de apoyo.

La flauta del Infinito
toca sin jamás interrumpirse,
y su canto es amor:
cuando el amor renuncia a todo límite,
alcanza la Verdad.
¡Cuán lejos se esparce su perfume!
No tiene fin; ningún obstáculo se le opone.
La forma de esta melodía brilla
como un millón de soles.
*Incomparablemente suena la vina,**
la vina de las notas de la verdad.

Kabir

* Instrumento de cuerda empleado en la música de la India. *(N. del T.)*

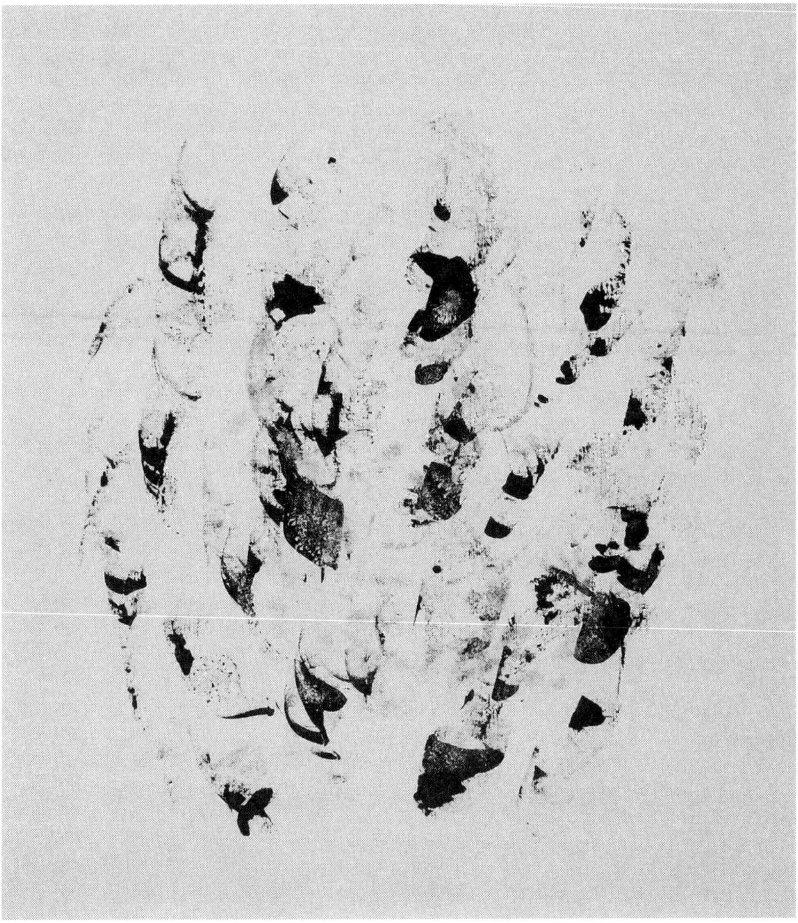

EL AMOR SUPERA TODAS LAS FRONTERAS

La vida nos demuestra continuamente que todo cambia. Los árboles florecen, las hojas caen, las estaciones vienen y van, de la caída nace nueva vida. Sin muerte y destrucción no habría nuevas vidas. El cambio constante es la verdadera maravilla de la vida. Nacer, vivir y morir son la perfección de la vida. El Cielo no significa una existencia estática en algún momento de un futuro lejano. El Cielo significa experimentar como la propia vida esta danza divina del nacimiento y la muerte. La muerte es el símbolo de la fragilidad, pero también de la vida nueva. Y a la perfección de la vida pertenece la disposición a dejarse transformar por la muerte.

El amor es el que otorga confianza y fuerza, y con ello la seguridad de que seremos recogidos y llevados. Nos transforma y finalmente también nos da el valor para morir, para resucitar a una nueva vida. El juego de amor de Dios es el juego de la transformación, y depende de nosotros si participamos de este juego de amor y nos liberamos de los deseos de permanencia. El amor nos otorga el valor para transformarnos, supera el miedo y nos conduce hacia la libertad.

Para mí es a Dios, ese gran misterio, la «nada»,* al que me puedo entrega con amor y sin reticencias, y al que sólo puedo amar si acepto y amo el mundo tal como es. La senda conduce a una vida de amor y solidaridad que no cierra los ojos ante el dolor y que acepta la responsabilidad del lugar en el que uno se encuentra y donde es necesario.

Jesús extendió la mano y tocó al leproso. En ese mismo instante se curó. Un leproso que hasta ese momento se encontraba solo y estaba marcado. La vida empieza a través de una relación, un regalo y un roce. La senda mística conduce hacia la cotidianidad y también conduce al prójimo. Quien haya tenido la experiencia del amor divino, la comparte con sus congéneres y les

* En castellano en el original. *(N. del T.)*

trasmite la cercanía y la seguridad que él mismo ha experimentado.

¿Podemos soportar la cercanía, tenemos el valor de confiar en los demás? Este amor no se trata de dar ni de recibir, sólo existe, es libre y deja libertad. Siempre está dispuesto a un nuevo comienzo. Destruye todo lo duro, nos muestra todo lo suave. Limpia nuestros pensamientos. El amor verdadero también sobrevive cuando tenemos puntos de vista diferentes, cuando chocan las convicciones, en un grupo, un estado, una religión. Precisamente entonces puede mostrar el amor universal que no es estrecho ni rencoroso y que está dispuesto a la reconciliación. No aparta a nadie. Se muestra con amigos y compañeros cuando no tenemos escapatoria. La desaparición de las fronteras con los demás pertenece al crecimiento de nuestra vida. En la mística significa abrirnos a nuestra esencia más profunda para, a través de ello, poder unirnos a los demás.

Mientras sigamos con la ilusión de un yo separado, actuamos en contra de la vida. Vivir significa relacionarnos, tocarnos. Tener el valor para tocarnos los unos a los otros. Nadie puede quedar excluido. Todos son lo que nos une: el amor.

Abrirse al amor universal

En mis cursos y conferencias con frecuencia conduzco a las personas, a través de meditaciones dirigidas, a ese lugar del amor que se puede encontrar detrás de nuestra actividad del yo. El amor siempre está ahí. En este universo no existe nada que no proceda del amor. En este amor podemos entregar todo lo que nos preocupa, todos nuestros problemas, nuestros conflictos, nuestros padecimientos. No se trata de pedir nada ni de esperar nada, sino que se trata de entregarse a este amor con todo lo que somos y tal como somos. De esta forma se puede producir una transformación: al asumir cómo somos se produce el cambio y nace una nueva actitud.

A este amor universal nos queremos abrir ahora. Siéntese con la espalda recta, coloque las manos en el regazo o sobre las rodillas. Cierre los ojos o dirija la mirada hacia el suelo sin fijarse en nada. Todas las sendas espirituales comienzan en el cuerpo. Sienta conscientemente su cuerpo, sus pies en el suelo, sus piernas, las caderas. Deje que su atención suba a través de la columna vertebral, sienta sus brazos y manos, deje que se hundan sus hombros, y relaje así el cuello y la nuca. Sienta su cara, la boca y los ojos, vagabundee con su atención por encima de la frente hacia la coronilla.

Ábrase con todas las células y con todos los poros. Sienta el espacio a su alrededor, escuche atentamente el silencio, aventúrese más aún en lo infinito. En esta abertura completa nos encontramos con lo que llamamos amor, que no conoce ninguna frontera ni ninguna restricción. Este amor es presencia pura, sin imágenes, sin palabras, sin conceptos. Ábrase con todas las células a este infinito. En esta abertura se encuentra unido con todos y con todo. Nada ni nadie está excluido. En este infinito puede depositar su propio dolor y el padecimiento de toda la humanidad. Aquí se encuentra todo a salvo y rodeado de amor. Aquí está nuestra patria y aquí radica el significado de nuestra vida. Deje que este amor atraviese todas las células. Sienta que es uno con todo lo que existe. Inspire y espire amor con toda confianza.

Si realiza regularmente esta práctica, le será cada vez más fácil sentir el amor. Porque el amor siempre está ahí. Se puede abrir a él sin importar dónde esté y lo que esté haciendo.

Nota: en el CD Liebe – Urgrund allen Seins *se puede escuchar con una meditación de amor dirigida por Willigis Jäger.*

La Iglesia del Amor

No vive como una institución cerrada,
sino sólo en la conformidad de las personas
entre ellas.
No tiene más miembros que aquellos
que se sienten unidos a ella.
No tiene ninguna competencia,
porque no compite con nadie.
No tiene ninguna ambición,
porque sólo desea servir.
No marca fronteras,
porque eso va en contra del amor.
No se encierra en sí misma,
porque pretende alcanzar a todos los grupos
y religiones.
Respeta a todos los grandes maestros de todos
los tiempos
que han revelado la verdad del amor.
Quien pertenece a ella, practica la verdad
del amor
con todo su ser.

Quien pertenece a ella, lo sabe.
No pretende adoctrinar a los demás;
sólo pretende ser y dar a través de su ser.
Vive en el conocimiento de que toda la Tierra es
un ser vivo y que nosotros somos
una parte de ella.
Sabe que ha llegado el tiempo de la última
transformación;
alejándose del egocentrismo
para regresar por propia voluntad de la unidad.
No se da a conocer con grandes voces,
sino que actúa en los ámbitos más
delicados del ser.
Se inclina ante todos
los que iluminaron el camino del amor
y dieron su vida por ello.
No permite ninguna jerarquía en sus filas
ni se fija en la organización,
porque nadie es más que otro.
No promete ninguna recompensa,
ni en ésta ni en la otra vida,
sólo la alegría de ser en el amor.

Sus miembros se reconocen en la forma
de actuar,
en la forma de ser y en los ojos
y no en ningún gesto externo
que no sea el abrazo fraternal.
No conocen el temor ni la vergüenza,
y su testimonio siempre será válido,
tanto en las épocas buenas como en las malas.
La Iglesia del Amor no tiene ningún secreto,
ningún misterio ni ninguna consagración,
excepto la profunda sabiduría sobre el poder
del amor
y a través de él el mundo se transformará,
cuando lo quieran los hombres,
pero sólo si primero nos cambiamos
a nosotros mismos.
Todos los que se sienten sus miembros,
le pertenecen.
Pertenecen a la Iglesia del Amor.

Texto de los cátaros, del año 1148

EL AMOR
ES LA QUINTAESENCIA
DE MI VIDA

El 7 de marzo de 2009 cumplí 84 años. ¿Cuál es la quintaesencia de mi vida? Desde la niñez busqué el fundamento detrás de todas las palabras, fórmulas y declaraciones teológicas, ese fundamento que los cristianos llamamos Dios. Con seis años superé por primera vez las limitaciones de la racionalidad. En aquel momento no supe lo que me pasaba, pero esta experiencia me regaló la seguridad de que detrás de todas las palabras me esperaba un amor absoluto. Yo fui un niño completamente normal. No me dieron por capricho el apodo de *f und f* (*frech und fromm**). Con mis seis hermanas viví una infancia maravillosa. Pero el anhelo por en-

* «Travieso y devoto». *(N. del T.)*

contrar este fundamento, que había podido vislumbrar desde tan temprana edad, ya no me soltó. Ni siquiera me abandonó en la pubertad. Yo era un buscador apasionado. Ya de joven mi oración era una abertura amorosa para penetrar en este fundamento divino. En la época que tuve que pasar como soldado en la guerra tampoco me abandonó este anhelo. Gracias a Dios, no tuve que disparar ningún tiro. Este anhelo me condujo a entrar en el claustro después de la guerra. Esperaba que allí encontraría la satisfacción de mi anhelo. Como todos mis hermanos, recibí una formación espiritual, filosófica y teológica de seis años. Sin embargo, la teología no me proporcionó la satisfacción de mi anhelo. La lectura de los libros de Friedrich Schleiermacher me interesaron en aquel momento más que las lecciones de teología, al igual que Friedrich Nietzsche, cuyas experiencias místicas en los acantilados de Surley me impresionaron profundamente. En Arthur Schopenhauer me interesó más su experiencia mística que su visión pesimista del mundo. Una experiencia me impresionó de forma especial y en ella me pude reencontrar: «Pero yo digo que en este mundo moderno, voluptuoso y comprensible existen la personalidad y la causalidad, y que incluso son necesarias. Pero mi conciencia más profunda me eleva a un mundo en el que ya no existe ni personalidad ni causalidad, ni tampoco sujeto ni objeto». Y a continuación intenta describir el mundo según aparece ante esta "conciencia más profunda": «Ahora contempla tranquilo y con una sonrisa las imágenes ilusorias de este mundo que en su momento movieron su ánimo y le atormentaron, pero que ahora se muestran ante él con la indiferencia de las piezas del ajedrez después de terminar una partida o como a la mañana los disfraces abandonados, cuyas figuras tanto le habían divertido e intranquilizado. La vida y sus figuras aún flotan delante de él como una aparición fugitiva, lo mismo que un sueño ante alguien medio dormido, a través de la cual se vislumbra la realidad y ya no te puede engañar.»

Siempre busqué con gran entusiasmo lo inasible de lo divino, lo que se encuentra detrás de todas las formulaciones teológicas. Todo lo que la teología y la metafísica tenían que ofrecer eran sólo indicios de un fundamento que no se podía captar con la mente. La cuestión central que me movía fue siempre: ¿cuál es el sentido de este par de décadas que llevo deambulando en esta mota de polvo sin importancia en medio del universo sin límites? Mientras la humanidad no haya encontrado una respuesta a esta pregunta, filosofamos y teologizamos en un espacio hipotético.

Sólo una experiencia en el terreno de la conciencia transpersonal me ofreció una respuesta satisfactoria: aquí y ahora, en estos límites temporales, soy una expresión única, exclusiva e inconfundible de este fundamento, que he experimentado y experimento como amor. Este fundamento al que hemos llamado "Dios", "Vacío" o "Brahma" se alegra, se celebra en esta forma que soy yo. Sólo ahí encuentro significado a mi existencia. Y por eso respondo con un sí rotundo a este tiempo que me ha tocado vivir y estoy completamente convencido de que la vida sigue. ¿En qué forma de existencia? No lo sé.

Mi decisión de entrar en el claustro fue todo lo contrario de una huida del mundo, fue más bien la forma más radical de un amor apasionado. Este amor lo abarca todo y a todos y alberga todo el mundo en su benevolencia. Durante mis estudios en la biblioteca tropecé con los escritos de Teresa de Ávila y Juan de la Cruz y con los textos de un místico inglés, cuyo nombre desconocemos, pero que nos ha dejado *La nube del no sa-*

ber y *El libro de la orientación particular*. El autor aconseja centrar el espíritu en un lema o en un foco: Dios o el amor. Esta palabra se puede utilizar como apoyo y foco para alcanzar capas más profundas del alma. Aconseja que se suspenda el pensamiento en Dios y que se entierre la cordura, la memoria y los sentimientos bajo la Nube del Olvido. Alrededor de este lema se reúne el conocimiento y actúa como una brújula, que marca el rumbo en la oscuridad. También el místico Juan de la Cruz se convirtió en un maestro importante que dejó detrás de sí todas las imágenes y todas las representaciones intelectuales de Dios. La palabra "Dios", que he tomado como foco del *El libro de la orientación particular,* se une a mí de forma natural con la respiración.

Seguí por esta senda durante algunos años y tropecé de repente con una experiencia profunda, que en Occidente llamamos experiencia mística. Me condujo más allá del concepto de "Dios". Esta experiencia no se diferenció en nada de lo que más tarde experimenté en el camino del zen y lo que mi maestro Yamada Ko-un Roshi había definido como Kensho. Existe un terreno humano común, independiente del origen, el género y la confesión. Se trata del territorio que en todas las experiencias espirituales desemboca en la transpersonal no dualidad del ser, y que en el zen se define como Vacío. El zen sólo supera en un aspecto a todos los demás caminos espirituales: es radical y absoluto. Sin embargo, la profundidad de la experiencia es propia de cada persona, que puede penetrar hasta ella, que puede ser igual a la "Séptima Morada" de la autobiografía de Teresa de Ávila: «Acá es como si cayendo agua del cielo en un río o fuente, adonde queda hecho todo agua, que no podrán ya dividir ni apartar cuál es el agua del río, o cuál la que cayó del cielo.»

Durante las dos décadas posteriores a mi consagración sacerdotal llevé una vida pastoral activa. Trabajé durante siete años como maestro de instituto y como tutor de los jóvenes en el internado. Después trabajé en Missio y Misereor en la ayuda al desarrollo y estuve destinado durante cuatro años en las oficinas centrales de la Juventud Católica en Düsseldorf. Tenía la sensación de que, a pesar de todas mis actividades, interiormente me sentía vacío, y por eso volví a emprender la senda que he descrito antes. Sólo cuando, a pesar de las actividades pastorales, que requerían una gran dedicación de tiempo, me entregué a las prácticas contemplativas cada mañana de seis a ocho, volvieron las experiencias. Lentamente se volvió a instalar lo que en el budismo se llama *Samadhi* o lo que Teresa de Ávila llama la oración de quietud. Se trata de la experiencia de un fundamento permanente que desempeña un papel importante en todas las decisiones.

En 1971 asistí a un seminario zen del padre E. Lassalle, que se celebró en mi monasterio de Münsterschwarzach. Por primer vez entré en contacto con el zen e inmediatamente me quedó claro que ése era mi camino, el que debía seguir. Me llevaría de regreso a mis propias profundidades y, de esa manera, hasta el fundamento divino de todos los seres.

Empecé de nuevo a meditar con regularidad y pronto comencé a sentir que estaba en el camino correcto. Dos Sesshin y Brigitte D'Ortschy Roshi me enseñaron que sólo una gran determinación y asumir las últimas consecuencias me podría ayudar a dar el salto. Como en aquella época mi comunidad me ofreció la posibilidad de ir a Japón para la fundación de un nuevo monasterio, vi en ello una providencia divina y en el punto álgido de mis actividades, ante la incredulidad de muchos de mis amigos, lo abandoné todo para irme a vivir a una comunidad benedictina recién fundada en Kamakura, y para practicar el zen con Yamada Kôun Roshi, al que había conocido en Múnich en 1971. Coincidencia o providencia, el monasterio se iba a fundar en la misma ciudad en la que Yamada Ko-un Roshi tenía su centro.

Tres años practiqué el "Mu" como lo prescribe la práctica zen. Estas prácticas casi no se diferenciaban de mis prácticas anteriores con la palabra "Dios". Pero esta vez tenía a un guía experimentado, que me advirtió sobre ciertos atajos. Lentamente regresaron las experiencias profundas de mi juventud. Pude sentir el avance con cada *Sesshin.* Parecía la apertura reticente y gradual de una flor, hasta que una noche, tras un *Sesshin*, me desperté y se abrieron los últimos pétalos como impulsados por una fuerza interior. Ahí sólo estaba el vacío, la «nada, nada, nada...»* de Juan de la Cruz. Del vacío surgió la revelación: sólo esta respiración y al levantarme sólo este paso. Yamada Roshi reconoció esa experiencia como *Kensho.*

* En castellano en el original. *(N. del T.)*

Cuando me senté al cabo de algunos días para articular lo que había experimentado, escribí algunas palabras: Amor, Vacío, Plenitud, Unidad, Felicidad. Cuando más tarde leí estas palabras, me sentí afectado. Si alguien me hubiera preguntado qué entendía bajo el concepto de "Dios", le habría contestado en terminología occidental y le habría dicho: «Lo que llamamos Dios es el Vacío absoluto, que se muestra como Amor, Plenitud, Unidad y Felicidad supremos». Eso era lo que había experimentado.

Cada día practicaba de seis a ocho horas de *zazen*, trabajaba dos horas en los terrenos del templo y escribía un libro durante algunas horas. También pasé seis meses en una ermita. Mi visión del mundo y mi autocomprensión cristiana habían cambiado. Me reconocí como totalmente a disposición del fundamento del ser divino, al que ahora llamaba mejor "Vacío" y "nada".* Estaba libre de todas las ideas sobre este fundamento. Permanecer en el reposo absoluto, en el *Samadhi*, no parecía un lujo ni una pérdida de tiempo, sino una fuerza transformadora, que sirve a todas las personas. Un caminar consciente me trajo al aquí y al ahora, y con la

* En castellano en el original. *(N. del T.)*

seguridad de que el sentido de la vida sólo se puede encontrar en el instante.

Entonces, ¿cuál es terreno único de nuestra humanidad? Puedo responder con Juan de la Cruz: «Se trata de tal despertar enardecido al reconocer a estas criaturas a través de Dios, y no a Dios a través de las criaturas. Es decir, reconocer los efectos a partir de su causa y no la causa a partir de los efectos. Pues este conocimiento es una deducción, sin embargo aquél es sustancial».

Traducida al lenguaje del zen, diría: «Reconocer las formas a través del Vacío y no el Vacío a través de las formas». En otro pasaje dice Juan: «Porque en esta circunstancia el alma se une a Dios y siente como todas las cosas son Dios». Todas las cosas son Vacío y forma. En este terreno nos encontramos siempre como personas, pero nuestro yo nos lo oculta. Me sentí sorprendido de hasta qué punto el lenguaje de un Juan de la Cruz y el lenguaje de un maestro Eckhart expresaban las mismas experiencias que el zen. El maestro Eckhart dice: «Cuando llego al fondo, al suelo, a la corriente y a la fuente de la divinidad, nadie me pregunta de dónde vengo o dónde he estado. Allí nadie me ha echado de menos, allí actúa "Dios"». Pero mientras el entendimiento no lo comprende, prosigue el maestro Eckhart: «A quien haya comprendido este sermón, se lo entrego encantado. Si no hubiera asistido nadie, lo habría tenido que predicar a estos cepillos». Y esta experiencia me devolvió a la vida y al buen rumbo.

El amor, que nadie ni nada pueden dejar de lado, es la fuerza impulsora en el camino, que por necesidad también nos debe conducir a través de la duda y el dolor, hasta que lleguemos finalmente a la meta. La "noche oscura" de la que informa Juan de la Cruz es una experiencia de crisis necesaria, que nos arrebata toda seguridad y autoengaño, nos vacía y nos abre para la entrega y el amor absolutos. En el caos se encuentra la fuerza ordenadora para lo nuevo. La flor de loto nace en el cieno. Ambas partes no se pueden separar. Con frecuencia lo nuevo surge del dolor.

En esta senda también aprendo a manejar mis emociones. La ira, que nos quiere poseer como un huracán, no queda aplastada, sino que simplemente es asumida y experimentada como "mi ira" con la que los desencadenantes no tienen nada que ver. La ira obtiene entonces otra cualidad, y podemos conocer su verdadero origen, sin que nos someta. Lo mismo vale para la aceptación del dolor que no se puede evitar. Cuando conseguimos aceptar lo que nos resulta doloroso, se transforma finalmente en calma y sabiduría.

Por eso practiqué para volver siempre a mi respiración en las situaciones difíciles. Cuando estoy bajo presión en el trabajo, me concedo un par de minutos de tranquilidad y relajación. Esto no es una pérdida de tiempo, sino que es una forma de reunir fuerza para el trabajo que tenemos delante.

Una experiencia cercana a la muerte le dio a mi vida un matiz decisivo. Sufrí una reacción a un medicamento y me corazón se detuvo durante un tiempo. Inmediatamente me encontré en un territorio de experiencias nuevas. Aquí ya no existía ningún yo, sólo amor, una total aceptación y unidad. Cuando volvió mi yo, quería regresar sin falta a esta unidad amorosa y estaba preparado para morir. Pero entonces alguien amable, benevolente y sereno me dejó algo claro: «No lo puedes querer. Tienes que esperar hasta que seas llamado». Permanecí dos días en esta unidad y este amor que no es comprensible de forma racional. Desde entonces ha desaparecido el miedo a la muerte. Cómo continúa todo después de la muerte, no se me dijo. Pero una cosa me quedó clara: la vida no termina nunca. Con este convencimiento escribí el libro *La vida no termina nunca* y grabé el audiolibro *Es gibt keinen Tod.*

Después de esta experiencia me quedó la seguridad de que cuando muera regresaré a este amor interminable, sin ninguna limitación del yo. Y este amor es el fundamento de todo ser. Nuestro yo con todas sus incrustaciones y su carácter egoísta nos lo oculta constantemente. Me quedó claro que como personas no podemos seguir adelante si no conseguimos penetrar en este terreno de la experiencia del amor sin condiciones.

Esta experiencia no la conseguimos a través del querer y el hacer, sino sólo lanzándonos hacia nuestra verdadera esencia, que siempre está presente y que tiene el mismo significado que el amor. Se alegra de ser lo que somos. En última instancia sólo nos exige que digamos sí al preciso instante de esta vida que estamos viviendo.

Esta experiencia significa también un sí al cuerpo. En el ascetismo cristiano con frecuencia fue humillado y descuidado. La vida verdadera fue desplazada a una existencia después de nuestra muerte. Pero este amor primigenio se alegra en lo que somos en este instante. Con esta experiencia adquieren su verdadero significado estas dos décadas de vida. Cada instante es una manifestación, un ritual, mientras se alegra este fundamento que no es comprensible de forma racional.

La edad nos ofrece la última posibilidad para nuestro proceso de maduración humana. Se trata de la última etapa y por eso una fase decisiva de la vida, una invitación a seguir creciendo, a madurar y a abrazarlo todo con amor. Seguimos estando en el ser y se trata de completar nuestro nacimiento. Esta etapa es sobre todo un camino hacia dentro. El papel que he desempeñado como persona –como maestro, sacerdote, referente, autor, maestro zen– se relativiza. Pronto, como ficha de ese gran jugador que es "Dios", me retirarán del tablero. La vida no termina nunca. Me dejo ir y creo en la promesa de Jesús de que en la casa del Padre existen muchas moradas. No sé si podré llevarme algo de esta estructura personal. En este universo existen miles de millones de formas de existir. Y estoy seguro de que también hay miles de millones de posibilidades de transformarse. Nadie se puede imaginar de entrada que de un gusano desagradable pueda surgir una hermosa mariposa. ¿Por qué la resurrección no podría traer algo completamente nuevo? La vida no termina nunca.

El amor es la quintaesencia de mi vida, que contemplo lleno de agradecimiento. Pero no se trata del amor de un "te quiero" y un "me quieres". Se trata del amor que no puede excluir ni al asesino ni al criminal. El goce, el cariño y el bienestar son sólo experiencias sustitutivas que marcan el camino hacia un terreno de experiencias mucho más amplias. Este terreno es como el océano, al que siempre puedo volver. Aquí me sé en casa, aunque como ola me asalten problemas, dudas, enfados y miedos. Es mi refugio y mi meta. No lo tengo que buscar, sólo tengo que mirar hacia dentro. En este fundamento siempre estoy en casa. Allí me abandonan el miedo y las dudas. Es el lugar que el maestro Eckhart describió maravillosamente. Por eso me gustaría citarlo una vez más como conclusión: «Cuando llego al fondo, al suelo, a la corriente y a la fuente de la divinidad, nadie me pregunta de dónde vengo o dónde he estado. Allí nadie me ha echado de menos, allí actúa "Dios"». De ahí recibe la vida su sentido último.

Lo que al final de nuestras vidas
tendremos en las manos
no son nuestras habilidades ni nuestras obras.
Ante todo y sobre todo,
nos tendremos que plantear la pregunta
de cuánto hemos amado.

Willigis Jäger

Imágenes para el amor

Encontrarse con el amor en el silencio... En cada célula una idea que se querría hacer visible.

No es posible pintar el amor. Sólo puede ser una faceta que en este momento –ahora– encuentra su expresión sobre la tela en una movimiento de dentro hacia fuera. Conceptos de cómo debe ser la imagen no tienen importancia. El delicado movimiento interior desemboca en uno exterior, que se convierte en un morir en el amor. Es el momento en el que un mundo cae en el otro y desaparece la ilusión de la separación. El simbolismo de la puerta, del umbral y también de la figura humana que se va difuminando muestran esta transición.

Las obras que se realizan para el amor, también lo son para la muerte, como me quedó muy claro en lo más profundo después de contemplar las imágenes durante algunos días.

El amor y la muerte participan de la misma cualidad: una fuerza que nos transforma, que no deja detrás ningún hilo inútil, que descubre todo intento de jugar al escondite y que nos desenmascara.

Así fue también la difícil petición original de representar el amor en blanco y negro, la reducción a lo esencial no sólo de la forma, sino también la reducción del color a lo que en pintura se llaman los no colores, un camino costoso en una experiencia profunda.

Petra Wagner

Bibliografía para saber más

Hüther, Gerald. *Die Evolution der Liebe*. Göttingen: Sammlung Vandehoeck & Rupprecht, 1999.

Jäger, Willigis y Beatrice Grimm (eds.). *Die Flöte des Unendlichen – Mystische Rezitationstexte aus Ost und West*. Holzkirchen: Wege der Mystik, 2009.

Jäger, Willigis, y Beatrice Grimm. *Der Himmel in dir*. Múnich: Kösel-Verlag, 2000.

Jäger, Willigis. *CD Liebe – Urgrund allen Seins*. Holzkirchen: Wege der Mystik, 2007.

Kornfield, Jack. *Das weise Herz*. Múnich: Goldmann Verlag, 2008. [*Camino con corazón*. Barcelona: Liebre de Marzo, 1999.]

Kreis, Hans. *Wahre Liebe leben. Wie Sie gemeinsam glücklich werden*. Múnich: Droemer/Knaur, 2008.

Maestro Eckhart. *Deutsche Predigten und Traktate*, editado por Josef Quint. Zúrich: Diógenes Verlag, 1978. [Versión en castellano: *Tratados y sermones*. Barcelona: Edhasa, 1983.]

Schopenhauer, Arthur. *Gesammelte Werke in 5 Bänden*. Francfort: Suhrkamp Verlag, 2005.

Schubart, Walter. *Religión und Eros*. Múnich: Beck'sche Reihe, Verlag C.H. Beck, 2001.

Yamada Kôun Roshi. *Mumonkan – Die torlose Schranke*. Múnich: Kösel-Verlag, 2004. [Versión en castellano: *Barrera sin puerta*. Madrid: Zendo-Betania, 1986.]

Fuentes

Pág. 9: © Kath. Bibelwerk, Stuttgart.

Pág. 28: Al-Hallaj en «O Leute, rettet mich vor Gott», Herder spektrum Bd. 2254, pág. 23. Edición, traducción e introducción de Annemarie Schimmel. © Verlag Herder, Freiburg i.Br., 1995.

Pág. 36: © Thomas Schied, Bruchweiler-Bärenbach.

Pág. 44: Rose Ausländer en *Im Ascheregen die Spur deines Namens. Gedichte und Prosa*, 1976. © S. Fischer Verlag GMBH, Francfort del Main, 1984.

Pág. 80: Cita de Rumi, en Willigis Jäger y Beatrice Grimm. *Die Flöte des Unendlichen.* Holzkirchen: Wege der Mystik, 2009.

Pág. 88: Traducción según la Biblia de Lutero.*

Pág. 128: Kabir en *Im Garten der Gottesliebe.* © Werner Kristkeitz-Verlag, Heidelberg, 2005, pág. 64.

* Para la versión en castellano se ha utilizado la traducción de Casiodoro de Reina y Cipriano de Valera, revisión de 1960. *(N. del T.)*

Biografías

El autor

Willigis Jäger, benedictino y maestro zen, está inspirado tanto por la mística cristiana como por el zen oriental. Su visión de una espiritualidad integral unifica los grandes tesoros de experiencias de la sabiduría oriental y occidental, e integra al mismo tiempo los últimos descubrimientos de las ciencias.

Es fundador del Benediktushof en Holzkirchen, un centro para la búsqueda espiritual, donde vive y trabaja, y es cofundador de la casa de meditación Sonnenhof en Schwarzwald. Fundó la Würzburger Schule für Kontemplation, la West-östliche Weisheit – Willigis Jäger Stiftung, así como la Zen-Linie Willigis Jäger. En sus cursos, conferencias y numerosas publicaciones indica los caminos para una profunda experiencia espiritual, que es la fuente para una renovación verdadera en todos los niveles humanos y sociales.

Contacto: Benediktushof – Zentrum für spirituelle Wege
Buró Willigis Jäger
Klosterstrasse 10
97292 Holzkirchen
Correo electrónico: buero@wiligis-jaeger.de
Página web: www.willigis-jaeger.de

La editora

Ursula Richard, lectora, traductora y editora, es fundadora de la Literaturmanufaktur, una agencia de autores y editores sobre espiritualidad y estilos de vida en Berlín. Autora del libro *Pfeiler des Glücks* (2010).

Contacto: www.literaturmanufaktur.de

La pintora

Petra Wagner, artista y maestra contemplativa. Formada en danza sagrada y oración corporal. Se dedica a la pintura desde hace más de 20 años, con exposiciones regulares desde 1993.

Contacto: petra@lafamillewagner.de